十大华人科学家丛书

孟宪明　主编

华罗庚传

李景文　编著

河南文艺出版社

·郑州·

目　录

一

1910 年 11 月 12 日，婴儿坠地的阵阵啼哭驱散了"乾生泰"杂货铺的沉闷气氛。四十得子的华老祥对儿子百般溺爱，万般期待。可邻居们却断言："华老祥的'罗呆子'将来不会有出息的。""罗呆子"真的呆吗？他寡言少语，只是因为幼小的心灵已被遨游数学王国的崇高理想所支配。

二

华罗庚的论文《苏家驹之代数的五次方程式解法不能成立之理由》在《科学》杂志上发表之后,引起了极为强烈的反响。思贤若渴的熊庆来教授查遍了清华大学的"归国留学生名录",仍找不到"华罗庚"三个字。无意中,一位祖籍江苏金坛的助教告诉了他华罗庚的真实身世与困难处境。经过一番奔波,聘请书从北平发出,金坛的初中生从此步入清华园。华罗庚登上了中国著名学府的讲坛。

三

国难当头,民无宁日,许许多多的中国知识分子流落大西南。在那"虎狐满街走,鹰鹯扑地飞"的灾难岁月里,饱尝糊口之难的华罗庚,仍不改变研究数学的初衷。他曾经这样吐露自己的心声:

"人们都说音乐美，我觉得数学比音乐美得多。"

四

　　舒适的洋房、豪华的汽车、丰厚的薪水、优雅的工作环境，都无法留住他的心。"梁园虽好，非久居之乡！"这才是他的真实感受。为了祖国的建设，为了民族的富强，华罗庚谢绝了美国同行的诚心挽留，放弃了半年的工资，毅然踏上了回归故土的征程。

五

　　1950年3月27日，中国各大报纸在十分醒目的位置上，刊登了这样一条新闻:"闻名全世界的我国数学家华罗庚教授,已于本月16日自美国抵达首都北京,并已回清华大学任教,受到该校师生的热烈欢迎。"从这一天起,华罗庚便在生他育他的华夏热土上,辛勤耕耘,播撒成果。

六

"中国需要科学,科学需要人才。科学家不仅要有研究专业之能力,而且要具备伯乐之胆识。"这是华罗庚的一向主张。他的求贤之举在科学界引出了一段佳话:一位性情怪僻的图书馆管理员被华罗庚从厦门召到北京。当这位青年忐忑不安地走进中国科学院数学研究所的大门时,他终于体会到了华罗庚当年揣着熊庆来的电报步入清华园时的心情。

七

20世纪50年代末开始,刚刚扬眉吐气的新中国,又开始卷入一场场政治风潮之中。华罗庚一会儿被斥为"漏网右派",一会儿又被划入"保守派"。一次次交上了入党申请书,又一次次被拒绝。他百思不得其解:我华罗庚到底错在哪里?

八

在"难于上青天"的蜀道上,在荒凉陡峭的崇山峻岭中,在赤日炎炎的江南水乡,在白雪皑皑的华北平原,都留下了华罗庚及其弟子们的艰难步履。从此,中国国民经济的发展记录上,又增添了新的篇章——"统筹法"与"优选法"。

九

1966 年的一天,正在南方推行"双法"的华罗庚收到了中国科技大学拍来的加急电报,要他迅速回京,参加"文革"运动。接到命令之后,华罗庚匆匆登上归程。这时的他还体会不到"文革"二字的分量与代价。

十

1976 年 10 月,"文革"落下帷幕,科学喜迎春天。年近古稀的华罗庚,展望未来,壮志满怀,他激动地写道:"春风吹绿了大地,原野上万马奔驰,与其伏枥而空怀千里,何如奋勉而追骐骥。"

十一

从遥远的欧洲之邦,从浩瀚的太平洋的彼岸,从久经沧桑的香港,从庄严肃穆的人民大会堂,荣誉接踵而至,赞语纷至沓来。华罗庚没有陶醉,更没有满足。他拖着病弱之躯,不断前行,一程又一程……

十二

1985年6月12日下午,日本东京大学的会议大厅里,座无虚席,华罗庚正用他那熟练的英语,慷慨激昂地作着学术报告。当他在热烈的掌声中,说完了"谢谢大家"时,突然从椅子上滑了下来,任凭千呼万唤,再也没有醒来。他猝然而别,匆匆离去,没有来得及给世人留下只言片语……

一

　　1910 年 11 月 12 日，婴儿坠地的阵阵啼哭驱散了
"乾生泰"杂货铺的沉闷气氛。四十得子的华老祥对儿
子百般溺爱，万般期待。可邻居们却断言："华老祥的
'罗呆子'将来不会有出息的。""罗呆子"真的呆吗？他
寡言少语，只是因为幼小的心灵已被遨游数学王国的崇
高理想所支配。

1. 清河桥下的人家

　　在江苏省太湖的西边，坐落着一个名叫金坛的小县城，县城
周围河网纵横交错，船只络绎不绝。城里面有一座拱桥，名叫清
河桥。桥下有一个小小的杂货铺——"乾生泰"。"乾生泰"主
要代人收购蚕丝与棉花，兼卖一些日用杂货，如棉线、火柴、蜡
烛、香、香烟等。"乾生泰"的主人叫华瑞栋，又名华祥发，人称
华老祥。华老祥原是丹阳人，后来搬到金坛定居。他精明能干，

13 岁时就开始学做生意,成人后自己经营一个规模较大的丝绸店,并长期担任县商会丝业董事。后因一场火灾,多年积蓄的家产付之一炬。灾难过后,华老祥元气大伤,几经波折之后,惨淡经营着"乾生泰"这爿小店。

华老祥的妻子名叫巢性清,笃信佛教,心地善良。她常年患病,婚后 10 年尚未生育,直到将近 40 岁时才生下一女,取名莲青。在那重男轻女的时代,"不孝有三,无后为大"的观念极为盛行,膝下无子的凄凉与生活的艰难坎坷,使华老祥变成了一个典型的宿命论者。他常常到小茶馆里请人打卦算命,回到家里则终日愁眉苦脸、唉声叹气,本来就不景气的杂货铺笼罩在一种愁苦压抑的气氛之中。

1910 年 11 月 12 日,华老祥家终于传出了男婴坠地的清脆哭声,这哭声使刚进家门的华老祥心情激动,难以自制。他小心翼翼地从接生婆手中接过婴儿,抱在怀里看了又看,然后拿来一个箩筐,把孩子轻轻地放进去,接着又把另外一个箩筐扣上去,喃喃自语地说:"放进箩筐避邪,同根百岁,就叫箩根吧。""箩"字去掉竹字头是"罗","根"与"庚"为近音,那一年又是庚戌年,后来就用了"罗庚"二字。

华罗庚的出生给华家带来了欢乐,也带来了希望。华老祥夫妇把儿子视作掌上明珠,天天为他烧香拜佛,请求神灵保佑。可有一次,他们险些失去了这个命根子。

就在华罗庚3岁那一年,母亲抱着他乘坐一辆人力车去丹阳。这天大雪纷飞,道路泥泞,推车人又多喝了几杯酒,一路上神志不清,当途经一座桥时,一不小心便把母子二人推到了河里。推车人见此情景,吓得目瞪口呆,不知所措。华罗庚的母亲用力把孩子托出水面,尖声叫喊着:"救命啊——救救孩子!"在此危急时刻,她觉得好像有人推了她一把,原来是一个浪头涌来把母子二人推到了岸边,这才避免了一场灾祸。

华老祥夫妇对他们的罗罗(对华罗庚的爱称)十分溺爱。那时候人们喜欢玩纸牌,当大人们正玩到兴头上时,受到冷落的华罗庚便去阻止母亲出牌,阻止不住时,便索性爬到桌子上撒尿,甚至把纸牌也冲走了。对于这样的恶作剧,父母也不忍心动儿子一指头。可邻居们却给这个说话不清、寡言少语而又性情孤僻的孩子偷偷取了一个外号叫"罗呆子",并在背后议论说,华老祥家的"罗呆子"长大了不会有什么出息的。

童年的华罗庚很爱骑马。他在一个小木凳子上面钻了一个铜钱大小的洞,用一根绳子套住当马骑,嘴里还不停地叫着"马嘟嘟,马嘟嘟"。现在这个小凳子还陈列在"华罗庚纪念馆"里。华罗庚还看中了父亲店铺里的柜台,常常把柜台当作马,跳来跳去,弄得全家人都头疼。华罗庚还喜欢看戏。那时农村唱戏,是在谷场上搭个台子,看戏人不用花钱。华罗庚总是挤在前面,从开锣看到深夜散场。一年一度的灯节更是他最开心的时刻。有一次,在闹灯节的队伍里,他看到一个"菩萨"骑着高头大马,头上插着羽毛,从青龙山进城来。老百姓把"菩萨"团团围住,求药卜卦,纳头便拜。"菩萨"真的万能吗? 这个问题在华罗庚的脑子里不知转了多少回。灯会散后,看热闹的老百姓都回家了,可华罗庚却跟着"菩萨"走了七八里路,一直跟到青龙山庙里。看见"菩萨"卸了戏装,摘掉道具,露出又瘦又小的原形后,他才心满意足地离开。

回到家里,他像发现了新大陆似的对母亲说:"妈,你以后不要给'菩萨'磕头了,'菩萨'是骗人的。"

"罪过呀,孩子,你胡说些什么呢!"母亲连忙阻止道。

"不,我不是胡说,今天我全看到了,'菩萨'是假的,是人扮的。"

正是从这一天起,华罗庚不再崇拜菩萨,也不再相信神灵,当时,他只有 10 岁。

2. 别出心裁的中学生

华罗庚的小学生活是在金坛县城小南门外的仁劬小学度过的。他常常和姐姐手拉着手去上学,课余时间姐弟俩一起帮父母照看店铺。由于华罗庚过分贪玩,学习成绩不好,毕业时连小学毕业证都没拿到,仅得到一张修业证书。

姐弟俩读完小学后，奉行"女子无才便是德"的华老祥便让莲青辍了学，而把华罗庚送进了刚刚成立的金坛县初级中学。在华老祥的内心深处有着炽热的望子成龙的愿望。

1922年，华罗庚虽然迈进了中学校门，但仍然玩心不改，学习极不用心，而且字也写得很差。一位老师曾说："就凭华罗庚那写得像蟹爬一样的字，足可以说他很难有远大的前程。"当时，华罗庚的数学才能也不惊人，他的数学老师李月波先生就很为他感到头疼，因为他每次考试只得60多分，有时还不及格。后来华罗庚回忆这件事时说："并不是我曾冒犯了我的老师，老师故意不给我及格，而是小时候太贪玩了，未好好学习，再加上试卷写得很潦草，所以这是怪不得老师的。"

可是，谁也没有料到，到了初中二年级的时候，华罗庚突然开窍了，学习非常用功，对数学更是着迷。在课堂上，常提出一些新的解题思路与方法，连老师都感到吃惊。他的数学成绩很快就名列全班第一。这当然与李月波老师的正确引导是密不可分的。

成名之后的华罗庚总是很感激他这位难得的启蒙老师，在一封致韩大受校长的信中，华罗庚写道："月波老师是一位难得的好教师，是他引导和培养了我对数学的兴趣，是他为我在初中三年打好了数学基础，使我以后得以自学数学，并成为我一生为之追求和奋斗的目标，我很感谢他。"

华罗庚不仅数学成绩优异，而且在国文课上也不断显示出他的独特见解与别出心裁之处。有一次，国文老师出了一个作文题目《周公诛管蔡论》，华罗庚发表了一番与史家观点截然不同的议论，使他的国文老师大为恼火，严厉地斥责道："周公圣人也，岂可妄言哉！"

华罗庚的国文老师是一位前清秀才，也是胡适的崇拜者。一天，他把自己收藏的胡适著作分发给学生，要求每人写一篇读后感。华罗庚分到的是《尝试集》，他打开此书，首先读到的是胡适的四句序诗，其内容如下：

"尝试成功自古无"，放翁这话未必是。

我今为下一转语：自古成功在尝试！

胡适的这段诗文旨在表露他自己力倡白话文的心得与成就。读到这里，华罗庚却在心里想道：诗文第一句中的"尝试"与第四句中的"尝试"本是两个不同的概念。前者是指初次尝试，而后者是指反反复复地尝试，只有试了又试才能品尝成功的喜悦。胡适所言的"自古成功在尝试"确实是有道理的，而陆放翁所说的"尝试成功自古无"也显然不差呀！生活中一试就成功的先例毕竟极其罕见。胡适不应该拿自己的概念，随随便便去否定别人，以炫耀自己！想到这里，他拿起纸笔，随即写下一行字:"胡适序诗逻辑混乱,狗屁不通,不堪卒读!"国文老师看了这个 14 岁初中生的读后感,十分震惊,他连说"放肆",并在卷子上批下了"懒人懒语"四个大字。

1925 年夏,华罗庚以优异的成绩从金坛初中毕业了。

"爸爸,我想考高中,继续念书。"华罗庚对父亲说。

"哎,罗罗,爸爸何尝不想让你念书呢! 可我们小门小户,哪里供得起呢!"父亲唉声叹气地回答他。

正在这时,一位亲戚向华老祥提供了这样一个信息:黄炎培与江问渔在上海创办了一所"中华职业学校",招收寒门子弟,加以职业训练,培养实用的人才。华老祥看这个学校不仅收费低,而且还培养一技之长,便千方百计凑了点钱,把儿子送进了上海中华职业学校。

在上海就读期间,华罗庚勤奋刻苦,努力钻研数学,在数学试卷上,他试着用自己创造的"直接法"解答问题。只是那位平庸而又保守的数学教师并不欣赏他,他那不落俗套的解题思路常常得到的是声色俱厉的训斥。

在此期间,华罗庚还靠一点小小的智慧,获得了上海市珠算比赛第一名。当时,参赛者多为银行职员与钱庄伙计,他们天天都与算盘打交道,可谓驾轻就熟。华罗庚在家乡时已经学会了打算盘,但毕竟未经过专业训练,怎么能和这些高手一较高下呢? 聪明、多思的华罗庚对传统的珠算方法作了如下分析:传统的加减法已无法再简化了,但乘法和除法还有简化的余地。普通乘法总是"留头法"或"留尾法",即先把"乘数"拨到算盘上,再用"被乘数"去乘,每用"乘数"的一位数乘"被乘数",则在"乘数"中将该数去掉,直到"乘数"都去完了,即得最后答案。华罗庚想:如果直接把每次乘出的答数逐次加到算盘上去,不就省掉了把"乘数"打上算盘的时间吗? 例如 35×7,先在算盘上打上 $3 \times 7 = 21$,再退一位,加上 $5 \times 7 = 35$,只需两步即可得出 245 的答案。在做除法运算时,用同样的逐步相减的方法来进行,节省的时间就更多。正是凭着这样的一个窍门与很强的心算能力,华罗庚一举夺魁。

正当华罗庚潜心求学之际,他收到了父亲寄来的信件,信上说,杂货铺的生意越来越冷清,每学期的 50 元学杂费与食宿费,实在无力负担了。父亲的信对华罗庚打击很大,他多么想和别的同学一样继续读书啊! 可考虑到年迈父母的艰辛与无奈,他只好放弃了只差一学期就毕业的机会,连张毕业文凭也没拿到,便两手空空地回到了金坛。

3. 杂货铺里读"天书"

失学使华罗庚感到莫大的痛苦,他一下子很难适应这样一个现实,也不愿意把这冷冷清清的小店作为自己一生的归宿。

但身为父亲的华老祥并不理解儿子的苦衷,他把小店的生意交给了华罗庚之后,自己到小茶馆里一坐就是半天,喝喝茶,聊聊天,以了残生。

"怎么办呢?"华罗庚常常问自己,"我不能让一个'穷'字断送了自己的一生!没有老师、没有学校,难道就不能学习吗?我要付出比别人多得多的代价,靠自学来掌握数学知识。"经过无数次的思索之后,华罗庚给自己找出了一条艰难而又曲折的路来。他靠一本《大代数》、一本《解析几何》、一本50页的《微积分》以及两本用零花钱购来的《学艺》与《科学》杂志,开始了自学生涯。

每天天不亮,华罗庚就早早起了床,摊开书本,认真研读起来。"乾生泰"对面"晋阳布店"店主回忆说:"罗罗经常坐在他那间屋子的方桌旁,目不斜视地阅读书籍,还不停地秉笔涂写,河内船只往来嘈杂之声,他都充耳不闻。看起来好像患有痴呆病一样。""乾生泰"对面隔着河有一家豆腐店,豆腐店的主人每天早起磨豆腐时,发现华罗庚小屋里的灯早已亮了。

白天,华罗庚在店铺里忙生意,为顾客们拿着一卷卷灯草、一根根针、一支支香烟。客人一走,他就埋头看书或演算。没有纸张,他就用包棉花的废纸算题。姐姐莲青心疼地说:"尽管是冬天,罗庚依然在柜台上看他的数学书。清水鼻涕流下时,他用左手在鼻子上一抹,往旁边一甩,没有甩掉,就一直挂着,鼻涕结成了冰还没意识到，右手仍在不停地写，不停地算。"

夜幕降临了，华罗庚关好店门，胡乱吃几口饭，又把自己关进那间小木板房里，常常为了一道题或一个公式而熬到深更半夜。枯燥、难懂的数学书籍带给他的却是无尽的乐趣。

由于如痴如醉地迷恋上了数学，华罗庚在做生意时就时常出现差错，有时所答非所问，有时拿错了顾客所要的东西，有时又多找给顾客钱。

有一天，天空飘着鹅毛大雪，一位顾客走进店来，一边抖着身上的雪花，一边问道："多少钱一支线？""853729！"正在香烟纸盒上演算题的华罗庚头也不抬地脱口说出了刚刚算出的答案。

"到底多少？"

"853729！"

"怪事！一支棉线怎么值这么多钱？"顾客更为诧异了。

这时，坐在一旁的华老祥连忙过来解释，可顾客已拂袖而去。

华老祥又气又急地训斥道："怪不得人家叫你呆子，你真是越来越呆了！不好好招呼顾客，成天读那些'天书'有啥用嘛！"

华罗庚的母亲也苦口婆心地劝他说："罗罗呀！我们是穿木裙子(指柜台)的命，不是书香门第的斯文人，你还是省些灯油，顾顾吃饭的事吧！"

华罗庚哪里听得进这样的劝阻，依然我行我素。因此，他和父亲之间的争吵也越来越多，矛盾也越来越激化。后来竟然发展到华老祥一见儿子读"天书"、算习题，就上去抢，抢到手后就往火炉里扔，弄得华罗庚把书本东藏西藏，只有父亲不在家时，他才敢放心地把书拿到桌面上来读。华罗庚成名之后，西方有一本数学杂志上曾刊登过这样一幅漫画：父亲手里拿着一根烧火棍，要儿子把数学书扔进火炉子，儿子紧紧抱着几本书，在屋子里团团转。这幅漫画真实地反映了华罗庚当时的困境。

后来，据说有两件事情改变了华老祥的态度，使他对儿子读书的事不再干涉。

一次，华老祥在茶馆喝茶时，突然掉了一颗牙。当地方言读音"牙齿"与"儿子"谐音，这就使十分迷信的华老祥对儿子多了一份忧虑。

"罗罗他妈，我今天突然掉了一颗牙，这可不是个好兆头，莫不是咱家的罗罗会出点啥事？"华老祥满腹狐疑地对老伴说。

"是呀，你成天烧他的书，把孩子吓得胆战心惊的。万一有个三长两短，往后的日子可怎么过呀！"老伴也在责怪他。

"唉，我以后不再烧他的书就是了。"华老祥终于妥协了。

另外一件事发生在收蚕丝的季节。华罗庚随父亲到金坛蚕场盘点蚕茧，替人收购。白天忙乎一天，晚上还要算账。一天晚上，管账人忽然发现有上千元的账对不上，这下可急坏了华老祥。

"上千元哪！别说明天开不了业，就是把整个店铺搭上也赔不起啊！"

"阿爸，我来帮你们算算吧！"

将信将疑的华老祥决定让儿子试试看。

不一会儿，华罗庚便对父亲说："账是对的，一文不差。你的伙计们算错了。"

"呀，没想到罗罗还是个活算盘呢！往后再碰到这事，还得找你啊！"伙计们在一旁赞叹着。

"看来，'天书'真没白念！"如释重负的华老祥也美滋滋地说道。

华罗庚的数学才能很快也得到了街坊邻居的赏识，连曾经嘲笑过他的人也不得不改变了看法。有一天，一位喜欢古代数学的街坊走进了华罗庚的小屋，很自信地对华罗庚说："人们都传说你神机妙算，我想考考你，你可不一定能过关呀！"

说着，他掏出一盒火柴，撒到桌子上，嘴里说道："三三数之剩二，五五数之剩三，七七数之剩二，问总数为几？"

"总共 23 根火柴。"华罗庚慢条斯理地回答他。

"啊——真行，你怎么算出来的？"

"三三数之剩二，七七数之剩二，余数均为二。因此，我想这公式很可能是 $3 \times 7 + 2 = 23$，用五除之恰余三。所以得数正是23。"

"你看过《孙子算经》？"那人惊奇地问。

"没有。我是用自己的'直接法'算的。"

"这是《孙子算经》中的一道难题。你能很快算出，真是不简单哪！"从此，那位街坊逢人便夸华罗庚的过人之处。

当然，每前进一步，华罗庚都要付出别人想象不到的代价。他把自学的秘诀归结为"恒"与"钻"。后来，华罗庚在和青年们谈治学方法时，曾语重心长地说道："古时候，有些人想修道成仙，大致采用两种方法：一是自己苦修，另一个是吃'金丹'。后一种方法显然是荒唐的，前一种方法的苦修精神却是可为今人在摸索学习方法时采用的。这种苦修精神，说起来就是'不怕困难，锲而不舍'。自修是一种比较艰苦的学习方法，但它的优点是无论何人、何时、何地都可以采用。只要我们能按部就班，不懈不怠，继之年月，它是可以帮助我们达到科学的光辉顶点的。"

在回忆自己的成长历程时，华罗庚强调的是"埋头苦干""勤能补拙"。他曾写过这样一首催人上进的诗：

> 神奇妙算古名词，师承前人沿用之。
>
> 神奇化易是坦道，易化神奇不足提。
>
> 妙算还从拙中来，愚公智叟两分开。

积久方显愚公智,发白才知智叟呆。

埋头苦干是第一,熟练生出百巧来。

勤能补拙是良训,一分辛苦一分才。

4. 幸遇恩师

在华罗庚的成长道路上,曾遇到了几位给他以深刻影响的老师,王维克就是其中之一。

王维克原名王兆祥,生于 1900 年。早年曾就读于南京海河工程学院,与张闻天是同学。五四运动中,与张闻天等 4 名同学积极宣传新思想,被校方开除学籍。后进入上海大同学校学习数理。1924 年至 1925 年,王维克回家乡金坛执教一年,此时,华罗庚也在金坛初中读书。王维克虽未教过华罗庚,但华罗庚对王维克先生很崇拜,常常拜访这位学识渊博、藏书丰富、教学效果极好的老师。

1926 年前后,王维克赴法国留学,在巴黎大学攻读天文与数理,并有幸成为居里夫人的学生。1928 年,王维克回国在上海中国公学任教授。当时中国公学的校长为胡适,教务长为杨振声。王维克与二人合不来,于是便回到金坛,立志振兴家乡教育。

王维克的归来,使正在刻苦自学的华罗庚极为振奋。他多次前往拜访，两人成为知己。王维克不仅把自己的藏书借给华罗庚看，而且教诲他如何治学，如何做人。

有一天，华罗庚又去王维克家借书。他一会儿看看这个书橱，一会儿又翻翻那个书橱。老师看见他那漫无目的的神态，就立即告诉他："罗庚呀，知识这东西是无边无际的，就像大海一样，要样样都深入掌握是精力所不允许的事，最好是先集中精力钻研一种。做学问就好比挖井，只有认定目标，挖到深处，才能渗出清清的泉水。如果漫无目的地东挖一锹，西挖一锹，是挖不出水的。做学问也是如此，朝三暮四、见异思迁的人是难有作为的。"

老师的一番话对华罗庚启发很大，他立志要循序渐进、锲而不舍地追求知识。

王维克老师还是一位很有成就的翻译家。当时，他正在翻译但丁的名著《神曲》。为了拿出最好的译作，他停止交游，足不出户，系统钻研作者的相关资料，并认真攻读《圣经》。每译出一章初稿，都让妻子陈淑大声朗读，自己坐在一旁静听，稍有不如意的地方，都要反复进行修改。这种一丝不苟、精益求精的态度使华罗庚颇受教育。

1929 年，也就是王维克回金坛的第二年，他被任命为金坛初中的校长。上任之后，他立即解雇了该校的一个会计、一个庶务员、一个事务主任，并聘请华罗庚来担任这三份工作，月薪是

18 块大洋。

华罗庚对这份工作十分满意。他每天不厌其烦地拉铃、打扫卫生、发放教学用品，连教员们所用的铅笔都一一削好。此外，他还负责记账、领款、发款、核算成绩单等，每项业务经过他的手都井井有条。同时，他仍然没有放弃自学数学，一有空便一头扎进无穷无尽的读书与演算之中。

王维克校长对华罗庚的工作非常赞赏，他决定让华罗庚给一个补习班当教员。可名单报到县教育局时，被拒绝通过，理由是一个初中毕业生没有资格当教员。王维克老师在教育局局长面前据理力争，但最终仍无济于事。

当教员之事刚平息不久，一场灾难便悄然降临到华罗庚的头上。这是华罗庚和王维克老师万万未曾料到的。

5. 大病致残

由于华罗庚只知埋头读书，很少接触姑娘，父母只好亲自为他操持婚姻大事了。华罗庚在金坛初中工作时，他的父母为他娶了一位秀丽端庄的姑娘为妻。姑娘名叫吴筱元，是华莲青的同学。她不仅秀丽端庄，而且温和贤淑。吴筱元出身于大户人家，其父曾就读于保定陆军军官学校，在她 5 岁时不幸去世，从此家道中落。与华罗庚成亲之时，家境十分贫寒。

吴筱元刚被花轿抬回华家，门上的大红"喜"字还没取下，华家就连遭劫难。

先是华罗庚的母亲卧床不起，早已染上的妇科病（可能是子宫癌）使她身体虚弱，难以治愈，不久便告别人世。

华罗庚还未从失去母亲的痛苦中解脱出来，自己又病倒了。当时，金坛县瘟疫蔓延，许多人染上了伤寒病。腊月二十三送灶神这一天，华罗庚突然觉得浑身发冷，神志不清，体温上升到42摄氏度，全家人乱作一团。

华老祥求神打卦，结果都是凶兆，心里懊恼至极。受过教育的吴筱元也预感到丈夫可能得了不治之症。

一天，一位有名望的老大夫给昏睡不醒的华罗庚诊断过之后说："不用下药了，他想吃什么，就给他吃点什么吧！"很显然，大夫已给这位年仅18岁的青年无情地下了判决书。

"不！我不能没有他。我一定要救他——哪怕只有一线希望！"刚刚开始了新生活的吴筱元无论如何也难以接受这个判决。

吴筱元和华老祥拿出了家中所有的积蓄，为华罗庚看病。金坛没有好医生，他们就到苏州去请，请一趟要花掉4块大洋。为了买药，吴筱元一次一次地提着新婚的衣物、首饰，走进了当铺。回到家里后，则煎汤熬药，悉心照料华罗庚。

华罗庚仍迷迷糊糊地躺在床上，但病情也没往坏的方面发展。

"罗庚好些了吗?"有一天,他突然听到了一个十分耳熟的声音。

"啊! 是王老师来了。"华罗庚心里一喜,但连说话的力气也没有。

吴筱元连忙过来招呼王老师坐下,并无奈地说:"王先生,您可别靠近他,他得的是伤寒,医生说会传染的。"

"不怕,不怕! 让他安心养病吧,月薪我会派人照常送来的!"王维克连忙安慰道。

老师的话温暖了华罗庚一家的心。由于王维克先生不时地来看望华罗庚,后来,他自己也染上了伤寒,经历了一场病魔的折磨。

华罗庚在病床上躺了足足半年,虽然侥幸逃脱了死神的魔掌,可疾病却给他留下了终生的残疾。一天,他在妻子的搀扶下慢慢下了床,可脚刚一着地,又"扑通"一声摔倒了。他的左腿因胯关节长期发炎,骨黏膜粘连,变得僵硬,再也无法伸直了。

"啊——我的腿怎么成这个样子了! 我以后还怎么谋生?"华罗庚绝望地喊道。

"你能活过来就算万幸了,别想那么多了。我给你找一根拐杖来,往后你就拄着它走路吧!"妻子强忍住内心的痛苦,极力去安慰他。

从此,在金坛街头,人们经常可以看到一位步履艰辛的年轻人。他拄着拐杖,走起路来,右腿向前迈一步,左腿要在空中画一个圆圈。他自己曾诙谐地把这种走法,形容为"圆和切线的运动"。

病愈之后,他仍到金坛初中任职。王维克顶着压力让他教初一补习班的数学,这给王维克惹来了不小的麻烦。一些地方乡绅小题大做,联名状告到县教育局,列举了王维克的"十大罪状",其中之一便是"任用不合格的教员华罗庚"。王维克才高志远,屈居金坛本来就感到委屈,再加上恶人告状,一气之下就拂袖而去,到湖南大学教书去了。

按照旧社会的惯例,学校的会计都是校长的亲信,校长下台了,会计也要辞职。华罗庚面临着失业的危险。幸好继任的校长是金坛中学的老校长韩大受,此人待人宽厚,也很赏识华罗庚。他对华罗庚说:"旁人上任都要带会计来,我不带,就让你继续干吧。不过,书是万万不能教了,前任校长就是因为你任课才被告的。"

这样,华罗庚继续干他的会计。他白天忙学校的事,晚上回到破旧的店铺里,忍着残腿的疼痛,在昏黄的灯光下继续钻研他心爱的数学。也只有在这个时候,他才能摆脱世事的烦扰,忘却人生的坎坷。

一天,邮差送来了一封来自上海的邮件,里面装的是1930

年 12 月出版的《科学》杂志。华罗庚的一篇重要论文——《苏家驹之代数的五次方程式解法不能成立之理由》终于发表了。在此之前,华罗庚也发表了《Stum 氏定理的研究》等几篇文章。可这一回大不一样,他是鼓了很大的勇气,才向著名的数学教授苏家驹提出挑战的。在写这篇文章之前,他曾征求过王维克老师的意见,把自己心里的顾虑和盘托给了这位恩师:"王老师,苏家驹教授在《学艺》杂志第 7 卷第 10 号上发表了《代数的五次方程式之解法》的论文。可我反复验算,发现他的解法是错误的。我想把自己的实际想法写出来,可一个无名小卒敢反驳大名鼎鼎的教授,这样做会不会引起什么麻烦?"

"你当然可以发表自己的看法,就是圣人,也会有错误的。"王维克老师鼓励他说。

于是,不足 20 岁的华罗庚便开始向权威挑战,他很快把论文写好,并寄到了上海。因此,当他看到自己的论文发表后,心情格外激动。这篇论文不仅证明了华罗庚的才能,而且改变了他日后的生活。

二

华罗庚的论文《苏家驹之代数的五次方程式解法不能成立之理由》在《科学》杂志上发表之后，引起了极为强烈的反响。思贤若渴的熊庆来教授查遍了清华大学的"归国留学生名录"，仍找不到"华罗庚"三个字。无意中，一位祖籍江苏金坛的助教告诉了他华罗庚的真实身世与困难处境。经过一番奔波，聘请书从北平发出，金坛的初中生从此步入清华园。华罗庚登上了中国著名学府的讲坛。

1. 清华教授熊庆来

当华罗庚在逆境之中刻苦求索、日益上进之时，著名教授熊庆来先生正在清华大学致力于中国数学科学的开拓性工作。

熊庆来，字迪之，云南省弥勒县人，生于 1893 年 10 月 20 日。1907 年考入云南高等学堂，后又考入云南英法文专修科学习法文。从 1913 年起，留学于欧洲。因第一次世界大战的爆发，他相继辗转于比利时、荷兰、英国和法国，先后就读于格勒诺布洛大学、巴黎大学、蒙柏里耶大学、马赛大学。1921 年回国后任教于云南，在普及数学教育方面颇有功绩。1926 年，熊庆来被聘为清华大学算学系教授，后担任算学系主任。

熊庆来教授执教之时，中国的数学课连专科教材都找不到。于是，他一边上课，一边自编教义，自己累得吐血也不言放弃。熊先生很注重培养中国自己的数学人才，用他自己的话来说："生平最大的乐趣是培养年轻人。"严济慈、钱三强、赵九章、赵忠尧等许多著名的科学家都曾受过他的教诲。

20 年代末，熊庆来也看到过华罗庚的论文，但并未引起足够的注意。可是，当他读到华罗庚的《苏家驹之代数的五次方程式解法不能成立之理由》时，禁不住拍案叫绝，他被作者的锐气与智慧所折服。

"这个华罗庚到底是个什么人？"他询问周围的数学教员。

"手笔如此不凡，可能是在哪个大学里任教吧？"一位教员回答说。

"就他的功底来看，像是留过洋，也许是个留学生。"另一位教员猜测道。

"这可不是个凡夫俗子啊！立论如此独到，并有如此胆识，我们一定要想办法找到他！"决心已定的熊庆来教授查遍了清华大学的归国留学生名录，仍找不出这个"华罗庚"来。但他不灰心，相信总有水落石出之时。

有一天，熊先生又提到这位华罗庚，一位名叫唐培经的助教插了话："噢，我知道他。他与我同乡，是我弟弟的同学。他可不是什么留学生，也没进过大学校门，只念过初中，听说正在金坛中学当庶务员呢！"

"是吗？如此看来，这个年轻人更不简单了，我要把他弄到清华来。"熊先生显得十分激动。

此后，熊先生亲自与学校有关部门交涉，要求聘任华罗庚。经过一番周折之后，校方终于答应了他的要求。于是，他找到了唐培经，要他立即与华罗庚联系，并特别吩咐，写信太慢，可通过电报联系。

当华罗庚得知熊庆来教授的意图之后，激动得流下了热泪。以前，他多次拜读过这位数学大师关于整函数和亚纯函数方面的精彩论文，可他怎么也没想到，熊先生会如此关注一个偏僻之处的无名青年。至于去清华大学工作，这更是他做梦也没想过的。

可惜的是此时的华罗庚大病初愈，家境贫苦，连去北平的路费也凑不出。但这一切熊先生又哪里知道呢？他未见华罗庚赴京，便焦急地写信催问，信中说："假如你不能到清华来，我将专程赴金坛拜访你！"在信中，熊教授把华罗庚称呼为"华先生"。

熊教授的殷切之情深深感动了华罗庚一家,华罗庚向亲友借了一笔路费,在一个秋高气爽的日子告别了故乡,踏上了北去的列车。

2. 步入清华园

1931 年 8 月的一天,唐培经受熊庆来教授之托,挤在北平火车站的出口处,迎接来自金坛的华罗庚。他手里拿着一张小照片,对着熙熙攘攘的旅客寻找着照片上的面容。怎么回事?一个一个都对不上呀!直到最后,他才看见一位跛足青年一颠一颠地走了出来。"就是他!"唐培经心里一喜,连忙迎了上去。后来,当唐、华二人来往甚密、成为至交以后,唐培经曾跟华罗庚开玩笑说:"哎呀,早知道你是个瘸子,我何必费那么大劲,根本用不着对照片,一眼就认出来了!"

华罗庚来到清华,立即得到了熊庆来教授的接见,经过几次交谈之后,熊先生更加认定这位身体瘦弱、患有严重腿疾的 22 岁的青年人肯定是"一匹千里马"。他曾断言:"华罗庚他日将成为异军突起之科学明星!"

可是,眼下熊先生却遇到一个难题,怎么来安排华罗庚的工作呢?当时,要在清华这样的高等学府任助教,必须有大学毕业的文凭,即使当个助理员,也起码要高中毕业。经过再三考虑,熊先生决定让华罗庚在算学系任助理员,工作任务是整理图书、收发文件、代领工具、绘制图表等,每月工资为40元,仅相当于助教工资的一半。

尽管报酬很低,但华罗庚十分珍惜这份工作,他勤劳刻苦,细心周到,深受同事们的好评。几十年之后,他在回忆当初当助理员的生涯时说:"我去清华时,系里的图书散放在小屋子里的地上,乱七八糟。我把它们一本本地整理好,归类放齐。我只要闭着眼睛一摸,就知道哪本书放在哪里。"

一到清华,华罗庚便一头扎进了图书馆里,每天都沉浸在对数学文献的研习之中,常常只睡四五个小时的觉。就这样,他以惊人的勤奋与毅力,在一年半的时间里,攻下了算学系的全部课程,并自学了英文、德文和法文。

当时,华罗庚的办公室就在熊庆来办公室的对面,谁去找熊先生,都会碰见他。此时的华罗庚不仅健谈,而且幽默风趣,因此结识了不少的朋友,很快便成为全系的活跃人物。

有一天,数学家徐贤修来到清华园,跟华罗庚很快就熟悉了,并且谈得很投机。

徐贤修问道:"你是这里的教授?"

"不是。"华罗庚摇摇头。

"那你是这里的学生或研究生?"

"不是。"

"那你一定是管系务的先生吧！"

"也不是。我是这里的'半个助理'。"

"半个助理，此话怎讲?"徐贤修更不明白了。

"大学毕业的当助教，高中毕业的当助理，我只是初中毕业，所以当半个助理。"华罗庚的话使徐贤修很吃惊。

在清华的学习与工作使华罗庚大开眼界，知识水平也大为提高。仅一年多的时间，他就在国外的数学杂志上发表了3篇用英语写成的数学论文，引起清华学人的关注。1933年，清华大学召开了一次特别会议，就华罗庚的任职问题进行讨论。会上，教授们各抒己见，争论激烈。有人主张，像华罗庚这样的优秀青年，理应破格录用，让他做助教;有人则拍案反对，认为清华园应有起码的制度与规矩，一个初中生怎能登上大学讲坛! 争论的结果是:清华大学打破常规，提拔华罗庚为助教。

从1934年到1936年，华罗庚除了任教之外，把大量的精力投入研究之中。这3年中，他发表了21篇高质量的论文，从而声名鹊起，令同侪佩服。在此期间，他被中华文化教育基金会董事会委任为乙种研究员，并被清华大学破格提拔为教员。

3. 爱国赤子心

华罗庚从小就有爱国心与责任感，向往民主与自由。当轰轰烈烈的"一二·九"运动爆发之时,华罗庚被广大学生的爱国热情所感动,他时刻关注并随时准备加入这一爱国运动。

他的好友与同乡王时风曾回忆说:"那天,黎明时分,罗庚同志也起得特别早。他夹着一本厚厚的数学书,随游行示威的队伍到校门,目送同学逆朔风、踏积雪前进。"

不仅如此,华罗庚还直接参与了学生运动。在一次激烈的示威活动中,北平学生群情激昂,高呼"打倒日本帝国主义"的口号,与日本宪兵处于对峙之中。突然,一名学生发现了走在行列前面的华罗庚,大家深受鼓舞,一些犹豫不决的学生也加入了这浩浩荡荡的悲怆而又愤怒的队伍之中。

李寿慈在"一二·九"运动期间,与华罗庚接触甚多,对于他关心进步学生、掩护受害者的事迹颇为了解。李寿慈于1935年秋入清华工学院学习,他与华罗庚不仅是同乡,而且两家还是世交,因而关系十分密切。刚到北平的李寿慈看到日寇侵略、冀东"自治"、北平危急,心中十分彷徨苦闷。一次,他把自己的内心世界袒露给了华罗庚,他们之间有了一段不寻常的对话:

"你记得我们苏南有一位叫顾亭林的乡贤吗?"华罗庚问道。

"怎么不记得,历史课讲过,不就是《日知录》的作者昆山顾炎武吗?"李寿慈回答说。

"不错!你还记得他有一句流传很广的名言吗?"

"不就是'天下兴亡，匹夫有责'吗？"

"对了！就是这句话。今天北平十分危险，这是事实。而且我们国家整个都处在危险之中。因为日本佬想并吞全中国，并不满足于北平甚至华北。今天平津危急，在政府的不抵抗政策下，明天也可能南京危急。从你个人来说，读书是大事，但就全国来说，民众奋起救亡，才是大事呀！今天我们大家要多多体味顾亭林的名言，首先要在救亡图存方面多做些工作，要做到读书不忘救国才好啊！"

华罗庚的一番肺腑之言，对李寿慈影响很大，促使他加入了爱国运动之中。因此，他把华罗庚称作他走上抗日救亡之路的启蒙老师。

1936年2月29日，清华园遭了劫难。29军的步兵、大刀队、机枪队共四五千人，冲进校园，逮捕进步学生。李寿慈在危难之时，突然想起了华罗庚的吩咐："万一有危险时，到我宿舍避一避。"于是，他走进三院，闯入了华罗庚的宿舍。可当他推门而入的时候，3个军警却正在盘问华罗庚。"糟了！他们怎么到这里来了？"李寿慈心中一惊。这时，屋子里的气氛已十分紧张。"你是干什么的？"一位领头的军警大声问道。

"我是学生。外面闹得很，哪儿都不准走，只好到华先生这儿来休息一下，顺便问问华先生一些大考的数学问题。"

"你有证件吗？"警官追问了一句。

"有！我叫王乃梁，一年级新生。"说完，李寿慈便小心翼翼地从口袋中掏出事先伪造好的借书证。

几个军警正要凑一起看证件时，华罗庚开口了："密斯特王！先坐下歇歇吧。有什么难题做不出，一大清早来找我？"华罗庚的话把军警们吸引了过来。

"是啊！就要考试了，学校里还闹哄哄的，温课的时间都没有，真烦人！"

听了他们镇静自若的谈话，军警们没有找到任何破绽，便把借书证还给李寿慈，又对华罗庚说了一句"对不起"，就一起退出去了。

"好险啊！"华罗庚、李寿慈长出了一口气。

"一二·九"运动期间，学校当局曾以考试不及格为理由，勒令一些进步学生退学。当时，华罗庚担任的是大一的微积分课。有几位积极分子因忙于救亡工作而耽误了学习，成绩达不到及格。为了保护这些热血青年，华罗庚把他们的成绩基本上都提高一级，并称这种评分标准是"一视同仁，有所不同"。

1936年夏天，华罗庚回到了故乡金坛（他的家属一直未迁到北平）。在地下党员王时风的协助下，邀请从上海、苏州、南京、武汉等地回乡的一些青年，在金坛初中创立了一所暑期补习学校，华罗庚亲自担任校长。他在家乡的土地上积极宣传北平的"一二·九"运动，传播抗日救亡的思想，在不少青年的心中点燃了为国献身的火花。

4. 剑桥展风采

1936 年夏天，华罗庚得到中华文化教育基金会每年 1200 美元的乙种资助，以访问学者的身份去英国剑桥大学学习。临行之前，华罗庚下榻于上海福州路的江苏旅社。他的朋友虞寿勋听说华罗庚来上海的消息后，立即前往拜访。

"你今日乘长风，破万里浪，远离故土，有何感想？"虞寿勋问道。

"我没有太多的考虑，只想为祖国争光。"华罗庚的回答，使虞寿勋不禁肃然起敬。

华罗庚这次旅欧与周培源结伴。他们先从上海乘轮船到海参崴，再经过西伯利亚的茫茫雪原来到柏林，最终到达伦敦。一路上两人促膝相谈，互相照顾，结下了很深的友谊。

当时，剑桥大学正处在鼎盛时期。在这座绿荫覆盖的世界著名学府里，云集着来自世界各地的科学精英，他们切磋学问，交流经验，徜徉于智慧之海。英国著名学者哈代，坐在当年万有引力定律的发现者牛顿坐过的高背椅子上，发号施令，主宰着数学界。

华罗庚到达之时，哈代已去美国旅行。出发前，当他见到正在清华任教的数学家温纳写给他的推荐华罗庚的信及华罗庚的论文之后，曾给海尔布伦博士留下了一张条子，上面写道："请告诉华先生，凡是从东方来的学生，都问我们多少时间可以获得学位，如果他愿意的话，他可以在 2 年之内获得博士学位，而其他人通常至少要 3 年才能得到。"

当海尔布伦把哈代的意思转达给华罗庚时，华罗庚毫不犹豫的回答使对方感到诧异。

"谢谢你们的好意。我只有两年的研究时间，自然要多学点东西，多写些有意思的文章，念博士不免有些繁文缛节，太浪费时间了。我不想念博士学位，我只要求做一个访问学者。我来剑桥大学是为了求学问，不是为了学位。"

"东方来的人，不稀罕剑桥大学的博士学位者，你还是第一个，我们欢迎你这样的访问者。"海尔布伦很赞赏他的决定。

华罗庚当时拒绝求学位，还有一个很重要的原因，就是申请学位要缴纳不少费用，而他所能得到的资助又极为有限。在剑桥，华罗庚参加了一个研究小组。在这个小组里工作的有英国人哈罗尔德、达文波特、李特伍德、拉依特以及德国人海尔布伦、埃斯特曼、汉斯等。这些人后来都成为著名的数学家，对世界数学的发展作出了卓越的贡献。他们相互切磋，共同提高。大家都喜欢活泼、勤奋而又聪明的华罗庚。

华罗庚利用剑桥大学良好的学术环境，在数论与分析方面下了很大的功夫,并在研究方面取得了大的突破。例如,三角和估计问题,是 19 世纪著名数学家高斯提出来的,一直被许多数学家视为畏途,而华罗庚仅用一年的时间就解决了这一问题。他的论文《论高斯的完整三角和估计问题》在伦敦数学刊物上发表之后,震动了数学界,连数学大师哈代也对他刮目相看。

一天,哈代问他:"华先生,你这两年还做了些什么?"

华罗庚把他在华林问题、塔内问题以及奇数的哥德巴赫问题上的研究成果告诉了哈代。

哈代听后十分高兴地说:"好极了!我与赖特正在写一本书,你的一些结果,堪称'华氏定理',应该写进书里去。"哈代所说的书就是他与赖特合著的闻名于世的《数论入门》,书中包括了华罗庚的研究成果。

华罗庚在剑桥的两年间,写了 18 篇论文,先后发表在英国、苏联、印度、法国、德国的数学刊物上,他已成为一名颇有影响的数学家了。在回忆这段生活时,他很风趣地说:"有人去英国,先补习英文,再听一门课,写一篇文章,然后得一个学位。我听了七八门课,记了一厚沓笔记,回国后重新整理了一遍,仔细地加以消化。"

正当华罗庚在剑桥展示风采之时,祖国遭受侵略的消息不时传来,他的心被忧国忧民的情绪所笼罩,再也无法静心于他的研究了。他心急如焚，归心似箭，放弃了可在英国继续逗留的机会，也谢绝了苏联科学院的盛情邀请，踏上了回归祖国的征途。

三

　　国难当头,民无宁日,许许多多的中国知识分子流落大西南。在那"虎狐满街走,鹰鹞扑地飞"的灾难岁月里,饱尝糊口之难的华罗庚,仍不改变研究数学的初衷。他曾经这样吐露自己的心声:"人们都说音乐美,我觉得数学比音乐美得多。"

1. 西南联合大学

　　1937年夏天,是中国人民永世难忘的岁月。七七事变之后,日本法西斯全面进犯中国。东北沦陷,平津危急,清华大学、北京大学和南开大学被迫迁到昆明,三所大学合并成立了西南联合大学。

　　日本侵华的消息在金坛不胫而走,弄得人心惶惶,一夕数惊。那时华罗庚远在海外,家中更是乱作一团。最后,华老祥做主,自己留下看家,由吴筱元带领孙女华顺和孙子华俊东投奔住在乡下的华莲青。谁知乡下比城里更混乱,无奈,吴筱元决定与华莲青一家一起逃往外地。他们又约了另外几个人,共租一条船,经鄱阳湖,到达江西吉安。路上巧遇一位好心的中学教师,他把自己吉安家中的空房子让出来,让吴筱元一行暂住。到吉安后,吴筱元等人才与华罗庚取得了联系。华罗庚告诉他们,他马上就要回国,清华大学已迁到昆明,并让吴筱元带领全家去云南避难。于是,吴筱元等一行 6 人,便从吉安到湖南长沙,再往云南。可是,当他们抵达贵阳时,除吴筱元外,都得了疟疾病。在这兵荒马乱之时,到何处去求医,又哪有钱治病呢? 真是天无绝人之路! 在清华工作的唐培经的妹妹恰好在贵阳,她帮助他们治好了病,最后他们总算到达了抗日的大后方——云南昆明。

战时的西南联大经费拮据,校舍拥挤。熊庆来已出任云南大学校长,杨武之接任了清华大学数学系主任的职务。在熊、杨两位教授的热心帮助下,吴筱元一家在距离联大不远的青云街住了下来。

1938 年,华罗庚乘船取道大西洋、印度洋、马六甲海峡及新加坡抵达香港,再乘飞机经越南西贡、河内抵达昆明,终于与家人团聚。

此时的华罗庚,就其学术地位与知名度而言,国内同行中已很少有人与之匹敌。可论职称,他还仅是一名教员。西南联大究竟以何种名义来聘任他,成了一个棘手的问题。当时担任西南联大理学院院长的吴有训,是我国著名的物理学家,也是西南联大教授聘任委员会的主要委员之一。在开会讨论华罗庚问题时,吴有训先生把华罗庚发表的论文全部携带到会,请各位委员评审裁定。杨武之教授也极力推荐,向与会者介绍华罗庚的成就。最后,会议达成一致意见,同意华罗庚越过讲师与副教授,直接提升为教授。对此,周培源曾经说过:

在 30 年代,像清华这样的大学,教师中有助教、教员、讲师、副教授与教授五个级别。罗庚同志初到清华时只是一个初中毕业生。一般来讲,一个初中毕业的青年成为一位大学教员需要十年的时间——三年高中、四年大学、三年助教。但是罗庚同志在清华期间一面工作,一面学习,仅仅花了四年时间竟完成十年的工作、学习与教学任务,这在我国近代教育史中还没有第二人。

罗庚同志于 1938 年从英国剑桥回到昆明后,任西南联合大学数学系教授,从清华到西南联大,先后只花了七年的时间,对他这样飞速成长,我们也必须注意到,除了他的才华与积极努力外,也和当时清华大学的校、系行政领导与教师对他的爱护、重视与关怀是分不开的。我可以这样说,当时的清华大学在一定程度上实现了我们今天在积极提倡的尊师、爱生、重教的精神。

被聘为教授的华罗庚本想全身心地投入教学与科研工作，报答清华大学以及刚成立的西南联大对他的栽培之恩，可是，当时的客观环境，尤其是经济状况又很难使他一如既往地探究科学。他把在昆明的经历称作他生平遇到的"第二次劫难"。

2. 艰难岁月

寄旅昆明日，金瓯半缺时。

虎狐满街走，鹰鹯扑地飞。

这四句诗是华罗庚对昆明生活的写照。当时，前方形势紧迫，老百姓穷困潦倒，衣食无着。这些来自北方的知识分子日子也极为窘迫。当时，在他们中间流行着这样一句话："教授教授，越教越瘦。"据说，有一位大学教师正在街上行走，一个乞丐跟在他后面想讨钱。教师越走越快，乞丐也越跟越紧，教师不得不停下脚步，带着无奈的神态，转身对乞丐说："我是教师！"乞丐一听这话便知趣地走开了。

当时，在西南联大的教授中不乏国内外知名学者，如冯友兰、闻一多、吴有训、吴大猷、江泽涵、杨武之等，可大家一样都过着极其艰苦的生活。为了养家糊口，闻一多挂起了雕刻图章的招牌,吴大猷在家里养起了猪,华罗庚也改名换姓,悄悄到中学里兼课。

为了压缩开支,华罗庚把家从城里搬到距离昆明五里路的黄土坡村。每天他都拖着病腿进城去上课,以微薄的薪水维持一家人的生活。

在离黄土坡村不远的山谷里,人们挖了许多防空洞,一遇到日机轰炸,家家户户便躲进去。有一次,警报过后,一直听不到动静。华罗庚对家人说:"我想到那面的防空洞去,找一下闵嗣鹤,跟他谈一个问题,很快就会回来的。"

闵嗣鹤是华罗庚的助手,他们经常在一起交谈问题。可是,华罗庚刚走进闵嗣鹤所待的防空洞,突然黄土飞溅,震耳轰鸣,原来是一颗炸弹正落在洞口处,铺天盖地的黄土一下子淹没了洞口,也淹没了洞里的人。幸亏洞中有一个人听到响声后,伸手抱住了头,这样,只有他的手和脑袋露在外面。他赶紧把每个人的头先扒拉出来,避免了生命危险,可他们的下身都被紧紧地压在土中。爆炸过后,吴筱元及一些乡亲全部过来帮忙,花了两三个小时,才把他们一一救了出来。被救出后,华罗庚发现自己的耳膜被震破了。

事后,华罗庚一家搬到了更远的郊区大塘子安了家。大塘子是个小村庄,但环境优美,这里河水清清,绿树成荫,倒是个做学问的好地方。在这里,华罗庚与杨武之成了近邻,两家关系很好。据说,在一次空袭中,炸弹落在了杨家的天井院里,把洗脸盆炸成了一张铁皮,华罗庚借给杨武之的一本德文字典也被炸得破烂不堪,很少躲警报的杨武之正好这次举家外出,从而避免了一场灾难。

从家里到城里上课,往返有几十里路。华罗庚没钱坐小轿车与吉普车,只能坐农民的牛车,牛车两边各置一块长木板,挤着好几个人,再加上道路崎岖,不一会儿便觉得腰酸腿痛,难以忍受。后来,华罗庚有课时,便住在西南联大的单身宿舍里,与陈省身、王信忠同居一室,达一年之久。

1939 年,华罗庚的第二个女儿华陵出生了,家中的生活更为清苦了。熊庆来先生及夫人姜菊缘多次接济华家,当华罗庚夫妇不好意思收下钱物时,他们总是说:"这是借给你们的,等你们有了再还。"在十分困难的情况下,吴筱元偶尔给华罗庚煮两个鸡蛋,心想:"让他增加点营养,以便支撑这个家。"可华罗庚怎么吃得下,他用筷子把鸡蛋送到了孩子们的嘴里。为了省钱,华罗庚还戒了烟,并宣布说:"等抗战胜利了再抽烟吧!"

几年后,华罗庚的第四个孩子诞生了。身为大学教授的他却连送妻子去医院分娩的钱都拿不出,只好让孩子在破旧的房屋里呱呱坠地了。

"给孩子取个名吧。"虚弱的吴筱元对华罗庚说。

"这孩子生在这个苦时候,就叫华光吧!"华罗庚回答说。

"华光？这名字怎么讲？"

"噢，两重含义。一是我们家的钱又花光了；二是盼抗战胜利，中华重光。"

即使在最困难的时期，华罗庚也不放弃他的数学研究。昏暗的灯光下，他常常熬到深夜。在防空洞里，手中也不离书本。有时，轰炸过后，书上落了一层土，他抖一抖，继续读下去，仿佛什么事情也没有发生一样。华罗庚很爱自己的孩子们，可跟孩子们谈话的主题仍然离不开数学。

有一天，华罗庚带着孩子们去森林里躲警报，他们席地而坐，在宁静的氛围中开始了交谈：

"你们觉得世界上什么东西最美？"华罗庚首先提出问题。

"当然是玩具最美。"小儿子脱口而出。

"当大夫最美！大夫可以给人们解除痛苦，给千家万户带来幸福。我长大了就想当大夫。"大儿子俊东充满激情地讲道。

"我觉得音乐最美！世界上只有音乐才能使人彻底陶醉。"女儿华顺也谈出了自己对美的感受。

"孩子们，你们说得都对！玩具呀，音乐呀，治病救人呀，确确实实都很美。可是，爸爸觉得——"

"你觉得什么美？"孩子们好奇地追问道。

"我觉得还是数学最美。有人说数学是上帝用来书写宇宙的语言，这话很有道理。数学会使人迷醉，使人忘却世间的一切苦恼与不幸。我希望你们长大了都能爱数学、学数学。"

当时，有不少人都放弃了做学问，有人改行经商，有人去了国外。可华罗庚没有向困难低头。在 4 年多的时间里，他又写出了 20 多篇论文，并完成了第一部专著《堆垒素数论》。这本书主要讨论了华林问题与哥德巴赫问题，是华罗庚多年辛勤研究的结晶。可惜当他把书稿送到中央研究院后，不仅没有出版，反而连原稿也遗失了。

华罗庚之所以能取得如此丰硕的成果，与妻子吴筱元的无私奉献是密不可分的。这位贤妻良母为了丈夫的事业，默默地承担着家庭的重担。她每天都要跑好远的路去买菜、买米、挑水；一家老小的衣服、鞋子都由她来做，而且是破了补、补了又穿；孩子生病了，她日夜不停地护理，生怕孩子的哭闹声惊动了沉思中的丈夫；夜深人静之时，等孩子全部入睡了，她又帮助丈夫抄写稿件……她常常说："他这个人哪，看起书来会忘了吃饭、睡觉，要是我不帮他、催他，真是不行啊！"

就这样，华罗庚夫妇携手共进，度过了人生最苦难的岁月。后来，每当他们回忆起这段生活时，都感慨万千。

1963 年，华罗庚发表在《人民日报》上的《春风吹拂换人间》一文中曾经写道："想到了 40 年代的前半叶，在昆明城外 20 里的一个小村庄里，全家住在两间小厢楼里（还没有现在我的办公室大），食于斯，寝于斯，读书于斯，做研究于斯。晚上一灯如豆。所谓灯,乃是一个破香烟罐,放上一个油盏,摘些破棉花做灯芯。为了节省菜油,芯子捻得小小的。晚上牛擦痒,擦得地动山摇,危楼欲倒,猪马同圈,马误踩猪身,发出尖叫,而我则与之同作息。那时,我的身份是清高教授,呜呼! 清则有之,清者清汤之清,而高则未也,高者,高而不危之高也。"

3. 痛失闻一多

一天,淅淅沥沥的雨下个不停,正在做家务的吴筱元听到了重重的脚步声。她连忙迎上去,只见满身泥污的华罗庚破门而入。

"有好消息啦!"喜形于色的华罗庚高声说。

"你怎么一身酒味,到底出了什么事?"吴筱元连忙追问。

"胜利啦! 抗战终于胜利啦! 以后的日子好过了! 你说我能不高兴吗?"说着,华罗庚从怀里掏出一条香烟,吴筱元也忽然想起了他说过的等抗战胜利了再抽烟的话。

可惜,华罗庚的兴奋未免早了点。日寇刚走,内战又起。为了维持黑暗的统治,国民党统治者竟然对强烈要求民主与自由的知识分子下了毒手。特别是挚友闻一多的遇害,在华罗庚的心里蒙上了深深的一层阴影。

闻一多比华罗庚大 11 岁,早在清华园时两人就有了交往。

当时,许多青年人都被闻一多的诗所感动,华罗庚也不例外。他读过闻一多的《死水》,诗中把旧中国比作"一沟绝望的死水"。闻一多的《心跳》更引起华罗庚的共鸣,他最喜欢诗中的这两句:

> 谁稀罕你这墙内尺方的和平!
> 我的世界还有更辽阔的边境!

寄居昆明后,华罗庚与闻一多的交往更为密切。他们常和吴晗、楚图南、王时风等人一起,议论国家大事,抒发个人情怀。在朋友们的影响下,华罗庚开始阅读《联共(布)党史简要读本》《反杜林论》等书籍,并对国民党摧残民主运动的暴行感到痛心疾首。

一天,华罗庚悄悄地对王时风说:"我想离开昆明,到延安去。"

"眼前的黑暗早晚有一天会结束的,你的腿不行,还是搞你的数学,将来数学会有用的。"王时风劝他说。

华罗庚也把内心的苦闷倾吐给闻一多,闻一多告诉他:有志向的中国人哪个不苦闷?哪个不愤怒?许多知识分子已对国民党的统治感到失望,反独裁、反内战、反饥饿是大家的共同心声。中国此时需要的是置生命于度外的民主战士!

1938 年，在日本飞机的一次大轰炸中，闻一多头部受伤，一个多月后才逐渐痊愈。1940 年的夏天，日机的一颗炸弹又落在闻一多家的后院，幸亏是个"哑弹"，才未造成伤亡。事情发生之后，闻一多一家就搬到乡下的陈家营。在此期间，华罗庚一家也曾来这里避难，一时找不到合适的住处，闻一多就热情地把自己的房子让出一些地方。这样，两家人曾一度同居一室。

闻一多居住的房子是个土木结构的二层小楼，楼下是灶房和牲口圈，闻一多一家八口住在二楼的厢房和正房里，本来已经相当拥挤，但还是把稍大的一间正房腾出来让华罗庚这六口之家住下。由于两间正房当中没有隔墙，他们就用床单拉条布挡，华家住在里间，闻家住在外间，华家的人去自己的房间必须经过闻家的卧室。

两家住在一起，关系甚为融洽，时常谈谈彼此的见闻。一到晚上，都点着小油灯，苦读夜战。华罗庚忙于钻研数学，闻一多则陶醉于古书的纸香之中，正在撰写他的《伏羲考》。闻一多还常常鼓励自己的孩子们说："你们应向华先生那样勤奋用功，认真读书，将来才能成为对社会有用之人！"

在这段日子里，李公朴经常到闻一多家商量民盟的工作，在闻一多的介绍下，李公朴与华罗庚也熟识起来，并且成为挚友。李公朴的故乡常州，与金坛仅一县之隔，二人亦称同乡。李公朴的夫人张曼筠后来也回忆说："他们如亲兄弟一般。公朴亦常常谈到罗庚是一位学者,更是一位爱国者,一身正气,疾恶如仇,对当时国民党的倒行逆施恨之入骨。"

华罗庚与闻一多同住一室的事情,在西南联大被传为佳话。为了纪念这段生活,华罗庚后来写下了这样四句诗:

挂布分屋共容膝,岂止两家共坎坷。

布东考古布西算,专业不同心同仇。

1941 年 10 月,联大文学院另找了房子,闻一多一家就先搬走了。两家虽然见面的机会少了,但友谊依旧。

1944 年夏天,为了糊口,闻一多又增添了一门工作——刻制印章。闻一多出身于书香门第,父亲是位秀才,对雕刻和图章都有研究,并影响了闻一多。当"闻一多治印"的招牌刚刚打出时,一位好心的同事为他写了这样一则启事:

文坛先进,经学名家。

辨文字于毫芒,几人知己;

谈风雅之源始,海内推崇。

没想到,刚一开张便顾客盈门。但闻一多把握一条原则:决不为那些腐败堕落的官僚治印。据说有位官员为得到闻一多的印章,曾派人送来象牙,而闻一多毅然回拒。

在营业之余,闻一多反复构思、精工镌刻了一枚别致的图章送给华罗庚,图章上刻着这样几行小字:

> 顽石一方,一多所凿。
>
> 奉贻教授,领薪立约。
>
> 不算寒碜,也不阔绰。
>
> 陋于牙章,雅于木戳。
>
> 若在战前,不值两角。

在后来的辗转迁徙中,华罗庚一直珍藏着这枚印章。他常常说,这不是普普通通的印章,而是他们之间患难与共的凭证,也是他们那种崇高友情的凝聚。

1944 年,在纪念五四运动的晚会上,闻一多这位有正义感与爱国心的知识分子,面对着反动势力的威胁,毫不畏惧地站了出来,支持进步青年,在西南联大产生了很大的影响。从此,他已经由一位诗人变成了民主斗士。事后,他曾激动地和华罗庚谈起自己的想法:

"有人说,我变得偏激了,甚至说我参加民主运动是因为穷疯了。可是,这些年我们不是亲眼看到国家糟到这步田地,人民生活得这样困苦!我们难道连这点正义感也不该有?我们不主持正义,便是无耻、自私!

"要不是这些年颠沛流离,我们哪能了解这么多民间疾苦!哪能了解到国民党这样腐败不堪!"

1944年夏天,在七七事变纪念日的前夕,中共地下党组织在云南大学汇泽堂举行抗战七周年时事报告会,从而引起了国民党当局的警觉,他们派人千方百计阻挠集会,三四千人的会场竟然不让装扩音设备。会前,云南大学的训导长宣布:会上只准谈学术,不准谈政治。身为云大校长的熊庆来也奉命作了冗长的发言,他远离会议的宗旨,大谈教学的重要,并说"变"是不对的,"变"只会带来大乱等等。

面对这种情况,闻一多实在坐不住了:"主席,请允许我讲几句话!"会场上顿时响起了热烈的掌声。

闻一多慷慨激昂地讲道:

"今晚演讲的先生,我们都是老同事、老朋友,可是既然意见不同,我还是要提出来讨论讨论。

"有人不喜欢这个会议,不赞同谈论政治,据说,那不是我们教书人的事。国家糟到这步田地,我们再不出来说话,还要等到什么时候!我们不管,还有谁管?"

接着,闻一多用"学生要管事"的论点驳斥了"学生要念书"的论点,引起了全场轰动。

事情发生后,华罗庚指出了熊庆来的错误,熊庆来很抱歉地说:"是训导长让我去的,我上了特务的当,我不该去,你见到一多,帮我解释一下。"

当华罗庚把熊庆来的话转达给闻一多时,闻一多表示理解熊校长的处境,他很释然地说:"当时,他也不得不这样啊!自然,我的话也太锋利了一些。"

这年9月,闻一多当选为中国民主同盟中央执行委员。

1946年春,华罗庚接到了访苏的邀请,而此时的昆明处在山雨欲来风满楼的境地,内战的阴云已越积越厚。李公朴、闻一多等人已成了国民党统治者的眼中钉,特务们还扬言要以"40万美元的重金,收买闻一多的头"。

"一多兄,情况这么紧张,你可要多加小心才是!"忧心忡忡的华罗庚对闻一多说。

"要斗争就会有人倒下去,一个人倒下去,千万人就会站起来!形势越紧张,我越应该把责任担当起来。'民不畏死,奈何以死惧之',难道我们还不如古时候的文人?"闻一多倒显得从容不迫。

华罗庚怎么也没有想到这次谈话竟然成了他们的诀别,国民党反动势力在暗杀李公朴之后,又向闻一多伸来了魔爪。

闻一多遇害之时,华罗庚不在昆明,他是在从南京到上海的火车上得到噩耗的。当时,他手里拿着报纸,泪水不断涌出。望着窗外灰蒙蒙的田野,怎么也不能相信自己深深敬仰、有患难之交的这位师友已经永远离开了他。华罗庚从内心深处涌出这样的诗句：

> 乌云低垂泊清波，红烛光芒射斗牛。
> 宁沪道上闻噩耗，魔掌竟敢杀一多。

闻一多遇难之时，他的长子闻立鹤为了保护父亲也受了伤。还在昆明的吴筱元不断去医院探望立鹤，并安慰闻夫人。后来，华顺还认了闻夫人为干妈，两家情谊愈浓。

30 年后，华罗庚在纪念闻一多的文章中写道："闻一多的死，和我的出走，形成一显明的对照。作为一多先生的朋友，我始终感到汗颜愧疚，在最黑暗的时刻，我没有像他一样挺身而出，用生命换取光明！但是，现在我又感到宽慰，可以用我的余生，完成一多先生和无数前辈未竟之事业。"写到这里，他赋诗表达了自己的怀念之情：

> 闻君慷慨拍案起，愧我庸懦远避魔。
> 后觉只能补前咎，为报先烈献白头。
> 白头献给现代化，民不康阜誓不休。
> 为党随处可埋骨，哪管江海与荒丘。

4. 《访苏三月记》

1946 年,苏联科学院将用英文出版华罗庚的《堆垒素数论》一书,并邀请华罗庚访苏。2 月 25 日,他从昆明乘机出发,途经加尔各答、卡拉奇、巴士拉、德黑兰,3 月 19 日才到达苏联的巴库,后由巴库转机,经过斯大林格勒,于 3 月 20 日抵达莫斯科。长达一个月的路途颠簸,使华罗庚心情烦躁,深感辛苦。滞留于巴格达时,他曾写下这样的诗句:

我欲高飞云满天,我欲远走水溢川。

茫然四顾拔剑起,霜华直指霄汉间。

在苏联,经过短暂的访问之后,华罗庚于 5 月 12 日由巴库乘飞机离开苏联,25 日返回昆明,时间正好三个月。1947 年,《时与文》杂志上连续刊载了华罗庚长达 3 万字的日记,题为《访苏三月记》,详细地记载了他的所见、所闻、所感。

访苏期间,最令他难忘的事情便是与苏联科学家的会晤。

在维诺格拉朵夫家,这位著名的数学家与华罗庚促膝相谈,并对华罗庚的工作给予了极高的赞誉。他请华罗庚用中文题写书名,华罗庚当场挥笔,除书名外,还写下了"谨以此书祝中苏邦交永笃"一行字。维诺格拉朵夫还在家中招待华罗庚,午饭从一点半吃到五点半。

在庞特里雅金家,华罗庚目睹了这位盲人学者如何克服困难、献身科学。在国内时,华罗庚久闻庞氏大名,并曾用庞氏的《连续群》作为授课教材。可他并不知道,这位盲人的大部分著作都是他的母亲抄写成文的。华罗庚自然很敬重这位母亲,便问道:"你给了你的儿子不少的帮助,那你对数学一定很有研究了。"

"不,我对数学,就像对中文一样陌生,我只是力所能及地帮帮他。"庞氏的母亲很谦虚地答道。

在和舍盖尔的会谈中,对方告诉华罗庚,华氏的每一种数学方法都极为准确、精密,令他十分佩服。早在苏德战争前,他已着手翻译《堆垒素数论》,战争爆发后,他因参战而停止翻译,由另一位教授巴谢列柯夫继续翻译。舍盖尔还说,他在莫斯科大学的数论课上,讲授了华罗庚的"中值定理",使学生们大开眼界。

在此期间,华罗庚先后作了《矩形几何学》《自守函数学》《多个复变数函数论》等学术报告,介绍了他自己在1942年至1946年的研究成果,受到了苏联数学界的普遍好评。

在苏联所看到的一切,都会勾起他对祖国命运的担忧。当苏联人民载歌载舞,在五彩缤纷的气氛中欢庆五一节时,他在心里想:"苦难的中国人民,何时才能脱离苦海?古老的国土何时才能焕发青春?"当看到苏联数千名中学生踊跃参加数学竞赛,著名数学家利用节假日到处作演讲的情景时,他从内心祈祷着:中国不能再轻视数学、轻视科学了!格鲁吉亚共和国教育部部长库柏拉齐的一句话像警钟一样老是在华罗庚的耳边回响:"只有头脑受过数学训练的人,将来才有出息。数学是科学之母,一个国家如果数学不发达,其他什么也谈不上!"

当时,几位苏联科学家还提出让华罗庚延长访问时间,以便为他治好腿疾。华罗庚问医生:"能不能治好?"

"应该能。"医生点点头。

"需要多少钱?"

"要钱吗?"医生诧异。

"你是说不要钱?"这回该华罗庚惊奇了。

他的苏联朋友们听了他们的对话,都会心地笑了。由于华罗庚已应邀访美,所以就谢绝了为他治病的盛情。

华罗庚是我国第一位受苏联邀请的学者,这次成功的访问,在国内政界与学术界都产生了很大的影响。中国驻苏联大使傅秉常自豪地对华罗庚说:"我驻莫斯科这么多年,苏联政府从未请我吃过饭。你一来,我可沾光不少,参加了这么多宴会。你真为中国人争了光,为我们的民族争了气!"傅秉常大使在华罗庚归国前,还拍电报给沿途各领事馆,称华罗庚为"国宝",要求他们严加保护,隆重款待。华罗庚也开玩笑说:"现在我是处于'奇货可居'的地位了。"

四

　　舒适的洋房、豪华的汽车、丰厚的薪水、优雅的工作环境,都无法留住他的心。"梁园虽好,非久居之乡!"这才是他的真实感受。为了祖国的建设,为了民族的富强,华罗庚谢绝了美国同行的诚心挽留,放弃了半年的工资,毅然踏上了回归故土的征程。

1. 赴美前夕

　　1946 年的秋天,华罗庚应美国普林斯顿大学魏尔教授的邀请,访问美国。

　　临行前两个月,他携带全家暂住上海,下榻于兆丰公园对面的中央研究院楼上。这期间,华罗庚回了一趟金坛,与家乡老师、同学及父老乡亲告别。金坛各界为欢迎他的到来,举行了隆重的集会。会前当他被邀请讲话时,华罗庚连忙说:"韩大受先生、李月波先生都在金坛,理当请他们讲话,哪有我说话的余地!"会议就要开始了,华罗庚搀扶着两位老师进入会场,并且还用了一句数学语言:"百分之百应该是老师走在前面。"

在集会上,主持人高度评价了华罗庚的成就,并称赞他是天才,华罗庚连忙站起来说:"我不是什么天才,我是慢慢学出来的,在座的老师都知道。学习上没有什么天才,也没有什么捷径可走,如果说有捷径,那就是要勤奋刻苦地学,并要做坚持不懈的努力,还要学会动脑筋。"当金坛的朋友问起他为什么要出国时,华罗庚显出一言难尽的神态,他告诉对方:中国处在异常困难的境地,形势实在太糟,我根本无法从事研究。可是,我们又不能等到需要科学的时候才开始研究科学。

在出国前,蒋介石还在庐山会见了华罗庚,华罗庚曾借此机会向蒋建议了发展中国科学的事宜。在庐山牯岭,华罗庚住在金芒饭店。他身着西服,内穿土布衬衣,打着不很棱正的领带,加上那条跛得很厉害的左腿和一副营养不良的面孔,不但旅店里的茶房没有注意这位普普通通的客人,就连许多嗅觉灵敏的新闻记者也忽略了这位客人。

上海《东南日报》记者赵浩生却认出了他,并发表了对他的独家采访。赵浩生写道:"对于新闻记者来访,他感到很拘束,尤其是当另一位同业请他坐到窗前拍照的时候,他的表情简直有些'害羞'了。同业中有一位是清华学生,喊他'华老师'时,他不断地说:'不要这样太客气地叫我。'当聊到科学问题时,华罗庚就不厌其烦、滔滔不绝地说开了。华罗庚首先介绍了苏联如何重视数学的情况。当谈到中国的数学教育时，华罗庚说："中国的教学方法问题是出在太注意方法而忽略了原则。讲授一个数学问题要教他十几种方法，其实只要一种就够了。有了一种了解，别的自然可以想到，用起来最多不过快一两分钟，学起来却不知增加多少麻烦。还有许多先生不愿意改练习，许多题目自己在黑板上演算一遍，让学生照抄了事；另一种毛病是不愿意当堂答复学生的问题，这一种方法最坏。'他说，他教书时，对学生的任何问题，总要在堂上答复，这样可以训练学生如何去想，真正当时解决不了的，他很坦白地告诉学生，他要下去继续地想，不要只顾面子，使问题解决得模模糊糊。"

在采访中，赵浩生与华罗庚还就中国的科学研究问题进行了深入的交谈。

"中国人的科学研究能力同外国人比较如何？"赵浩生问道。

"绝对不比外国人差！"华罗庚显然很激动，他从座位上站起来，做着手势回答道，"只是中国人的研究环境太差了！就拿我在西南联大教书的情况来说，当时为了躲警报，家住在乡下，每次跑进城里上课，整天愁着一家人的生活。学校人少，找个助教都没有……如果不是不得已，我绝不愿意出国！"

"科学与政治究竟能不能分开？"赵浩生又问起这一困惑许

多人的问题。

"科学与政治实在是无法分开,但在中国的科学研究者,一定努力设法使政治与科学分开,非如此挣扎,不能够有些微的成就。这是中国科学研究者最大的苦闷。"

与赵浩生会面后不久,华罗庚回到上海,安顿好妻子和孩子们的生活,做好了远渡重洋的准备。一些身在上海的学者如陈省身、周炜良等以及国民党军政部部长陈诚、教育部部长朱家骅为他举行了送别仪式。

1946 年 9 月,一个秋风萧瑟的早晨,华罗庚与曾昭抡、孙本旺、唐敖庆、朱光亚、李政道、王瑞骁等西南联大的同事一起,从黄浦江畔登上了驶往美国的美格将军号轮船。

起航之后,华罗庚手扶栏杆,站在甲板上,望着浩瀚无边的太平洋,心中充满迷惘。他自己也不知道,此去漂泊,几时能回归。他也无法断定,陌生的北美大陆会以何种姿态来对待他们这些远方游子。

一天,一位陌生的中年人走进了华罗庚所在的船舱。他两眼四处搜寻,显然要找什么人。

"谁是华罗庚?"陌生人问道。

"我就是。"华罗庚应声站起,打量着这位身材魁梧、神采奕奕的来访者。

"这位就是冯玉祥将军,他听说你也在船上,特地下来看您!"一位侍卫人员在一旁作了介绍。

"幸会,幸会!"华罗庚与冯玉祥将军紧紧握手,并进行了亲切友好的交谈。冯将军言谈中充满了对这位数学天才的敬爱与怜惜。

冯玉祥得知他竟然被科学发达的美国请去讲学,心中感到无比的愉快与振奋。会面之后,他深有感触地对自己的随从人员说:"华罗庚很年轻,很清瘦,这是蒋介石的罪过,把科学家搞得这么疲! 他的吃苦精神和非凡的天才,都可以从他的身上看出来。可是,他的腿不知什么时候得了毛病,走起路来一拐一瘸的。"

冯将军多么希望科学家的待遇能够得到改善,国民的文化素养能够得以提高啊! 他叹了口气,自言自语道:"中华民族如果有几千几万个华罗庚、翦伯赞这样的自然科学家和社会科学家涌现出来,我们的民族就可以奋发有为,就可以为世界文明作出重大贡献了!"

2. 普林斯顿

据说为了使华罗庚等人旅行方便,军政部特意在华罗庚、曾昭抡与吴大猷的护照上注明了"将军"身份。当轮船入境之后,他们满以为"将军"就不需排队,可以直接办理入关手续。没想到海关人员根本不理会他们的"将军"身份。当华罗庚步履艰难地向长长的队末走去时，他们一行又被请了回来，理由是要照顾残疾人，于是便有了"将军不如残疾人"的故事。

普林斯顿高等研究院，坐落在茂盛的树林之中，环境极为优美。这是世界上最有名的高等学府之一，研究气氛十分浓厚。著名数学家韦尔、西革尔、冯·诺依曼、韦伯伦、歌德尔、赛尔贝格、爱多士等都云集在这里。在此求学的中国学者也人才济济，如数学家王湘浩、闵嗣鹤、徐贤修，物理学家张文裕、吴健雄、袁家骝，化学家梁守榘，还有考古学家尤侗等人。华罗庚以客座讲师的身份受聘于该研究院。他除了承担教学任务之外，就是刻苦钻研数学，其敬业精神深受同行们赞誉。据徐贤修回忆："这时他已是著作等身的学者，但用功之勤，远胜青年学者，而工作领域又非常之广。"

留美期间，华罗庚应邀去许多大学讲课，但因腿有残疾，行走极为费力，也很不美观。在麻省理工学院演讲时，该校算学教授勒文荪先生把约翰·霍浦金斯大学医学院的著名外科医生介绍给了华罗庚，并建议他尽快施行手术。

于是，华罗庚便住进医院，动手术的前一天，医院要求家属签字，华罗庚正为此事犯难，恰好徐贤修来看他。因此，徐作为友人代替家属签了名。手术进行了整整四个小时，医生从华罗庚的右腿上割下一块肉移植到了左腿上。经过四个多月的治疗与休养，他左大腿骨的弯曲部分基本上已得以纠正，左腿也可以伸直了。华罗庚可以穿着一只跟儿略高一些的鞋子在院子里散步。极为高兴的华罗庚立即拍了一张照片寄给国内的妻子，收到照片的吴筱元更是欣喜若狂，她对记者说："他的腿在美国治好了！你看这是他离开医院后散步时拍的照片，两腿可以靠拢了，以前是不能的，以前走路左腿左手都要吃力地绕个大圈子，全身扭得不成样子。现在好了，只是左腿略微短了些，穿跟儿高一点的鞋就成了。"

出院之后的华罗庚以更大的热情与精力投入研究之中，他的成就令那些美国数学家也赞叹不已。一位名叫斯泰芬·萨拉夫的美国作家以他那极其感人的笔调写道："在这些年里，与华罗庚相识的美国数学家们，对他那清晰而直接的数学方法、他的知识深度和他的天才有了更深的印象。他的兴趣扩大到包括多复变理论、自守函数和矩阵几何。活跃的数学家，对华罗庚给他们的艺术所创造的丰富多彩、有力的贡献，是十分熟悉的，因为他们天天都运用他的研究成果。我对微分几何学家和代数学家提起华罗庚的名字时，所有这些数学家全都明白了。一位群论学家听我提到华罗庚的名字，他说，我们有一个有名的关于同构的定理，叫作'华氏定理'，那必定是同一个华氏！"

这位作家还转述了美国数学界对华罗庚的高度评价，他说："一位认识华的数学家狄锐克·莱麦尔告诉我，华有抽取抓住别人最好的工作的不可思议的能力,并且能确切指出他们的结果中,哪些是可以改进的。他也有自己的许多窍门,他广泛阅读并掌握了 20 世纪数学的所有至高观点,他的兴趣是改进整个领域,他试图推广他所遇到的每一个结果。他的工作在某些方面很像 L. 舒尔,甚至是诺伯特·魏诺尔,这二人在数论上有很多贡献,同时也扩展到其他领域。"

可见,这一时期是华罗庚事业上的辉煌期,他在国际上的地位日益显赫。1948 年春,华罗庚被伊利诺伊大学聘为终身教授后,决定把家人迁居美国。

3. 异国团聚

伊利诺伊大学对于华罗庚教授的到来,给了很高的礼遇,除了较优厚的物质条件外,还由他选择两位杰出的青年代数学家一起工作,想把伊大建设成为代数中心。在伊大,华罗庚的生活充实而又平静,他指导了两位研究数论的学者——埃尤伯与熊飞尔德。师生之间关系十分融洽,学生经常驱车来到华罗庚家,扎上围裙,生火做饭,营造了一种暖融融的气氛。后来,华罗庚给他们二人分别授予了博士学位。

一天,一个意外的消息使华罗庚十分紧张,他立即决定把家人接到美国。

那天，华罗庚遇到了司徒慧敏夫人，她刚从国内来。

"国内情况到底怎么样，你一定有可靠消息了?"华罗庚急不可待地问。

"我刚从延安来，那边的形势很好。中国的解放已成定局，蒋介石政府支持不了多久。"司徒慧敏夫人很肯定地说。

"不过，我得到一个消息，大军过江后，蒋介石有可能把一些社会名流及其家眷弄到台湾去。"夫人继续说道。

"是真的吗?"

"听说是的。"

谈话之后，华罗庚的心中十分不安，他对自己说:"无论如何也不能让蒋介石把我的家属弄到台湾! 我要加快速度给筱元及孩子们办护照，先把他们接到美国再说。"

此时，华罗庚旅居美国还不足两年，治疗腿疾又花去很多钱，而家人的飞机票大约要 2000 美元，他一时还无力支付，于是便向朋友借了点钱为家人做好了旅美的准备。

身在上海的吴筱元得到各种入境手续之后，心情十分兴奋，总算可以与自己日夜思念的丈夫团聚了，她不求富贵，不求荣华，只求全家人和和美美地生活在一起。她眼下要加紧办的一件事是把在北平读书的华顺叫回来。

此时的华顺已长成一位大姑娘，而且思想也极为活跃、进步。早在西南联大附中读书时，她曾目睹了闻一多伯伯惨遭杀害的事件,这在她稚嫩的心灵上留下了永远无法抹去的印记,对国民党的统治她深恶痛绝。她曾流着热泪站在云南大学的操场上参加闻伯伯的遗体告别仪式,她也不止一次地跑到医院看护受伤的闻立鹤。"中国不能再这样下去了! 有血气的青年应该站出来,像闻伯伯那样为唤醒国民而尽最大的努力!"华顺对自己说。

1946 年,她离开妈妈与外婆,只身来到北平,进入燕京大学物理系学习。在大学里,她是有名的活跃分子,常常和同学们一起参加各种政治活动,并决心为新中国的诞生尽一分力量。

正当华顺沉浸在远大的理想之中时,她收到了母亲寄来的信。信中要求她立即回上海,准备去美国。这突如其来的消息,使华顺难以接受。"我们是中国人,为什么一定要去美国呢?"她把家信放在了一边。

上海的吴筱元见不到女儿归来,心中十分焦急,便多次催促。无奈,华顺便匆匆离开北平回到上海。

"孩子,你爸什么都办好了,连你的学习都安排好了,我们一起去吧。"吴筱元开导着女儿。

"阿妈,我想过了多少次,还是决定不去,我已加入了中国共产党,在这快要解放的时候,我实在不愿意离开。"女儿的态度是坚决的。

"这可是难得的机会啊! 你一定要想好。"

"我知道了，还是你们去吧。到了美国，把我的情况告诉爸爸，希望他在解放战争结束后，早一点回来。"

吴筱元也理解了女儿的心思，再三叮咛她要注意安全，保护好自己。吴筱元把自己的老母亲和最小的孩子送到金坛安顿下来，自己带着华俊东、华陵、华光三个孩子乘飞机离开了祖国。这样，华罗庚一家终于在异国他乡的土地上团聚了。

4. 魂系中华

吴筱元和孩子们到美国后被安置在伊利诺伊州阿尔巴勒城一座舒适的洋房里，华罗庚每天则乘坐锃亮的"顺风"牌小汽车去伊利诺伊大学上课。徐贤修等老朋友不断从外地赶来，与华罗庚一家相聚。这段日子，应该说是华罗庚生活中最宁静、舒适的日子。可是游子的处境、思乡的孤寂又时时在折磨着他的心。

当时的美国，麦卡锡主义盛行，排外情绪极为强烈，中国人的处境也极为艰难。华罗庚后来回忆说："到了美国，生活是有所改善了，但是社会关系却是道道地地的买卖关系。金钱第一，什么第二，我却说不上来。歧视黑人，固为人所共知。但黄种人、犹太人、希腊人、意大利人，也都在被歧视之列。上铺子去买条裤子，店员拿出粗货，当你请他拿细料的时候，他会悻悻然地对你说：你们黄种人穿这种料正合适。是的，黄种人在他们的心目中,不是佣工就是厨师。"

在这样的环境里,华罗庚的思乡之情日益浓烈。在一次热闹的圣诞联欢晚会上,华罗庚当着钱学森、林家翘等教授的面,说出了自己的真实想法,并在一片热烈的掌声中,发表了这样的讲话:"诸位,我们大家来到美国,并不准备久居。当初,是因为在国内科学家无用武之地我们才出来的。现在国内要民主、要科学的呼声越来越高,我情愿和同胞们站在一起克服困难,而不希望站在世外。我认为,这是我们作为一个中国人应尽的义务,争取逐步改善环境。因此,如果谈希望的话,我希望回国和苦兄弟们在一起,把祖国建设好。"

在伊利诺伊大学,华罗庚积极参加中国学者和留学生争取回国的运动,并担任了一个中国学生团体的负责人。

有一天,他和美国数学家莱茉尔教授谈起了中国的数学。华罗庚很激动地说:"中国是一个大国,也是一个伟大的国家,为什么我们的数学却这样落后呢?我们一定要赶上去,而且我想我们能够赶上去。"

随着国内战争的结束与政局的稳定,华罗庚深信中国已经有了民主建国的条件,深信中国共产党领导下的新政府会重视数学、重视科学,他决心为中国数学创世界一流水平而尽力。华罗庚的想法也是当时许多中国学者的共同心声。

美国作家斯泰芬·萨拉夫在文章中写道:"在战后的年代

里,华罗庚是在美国工作的许多杰出科学家中的一个,这些人中还有空气动力学家钱学森。华罗庚和钱学森是散布在各地的那些决定回到中华人民共和国的知识分子中的两个。他们中间的活跃分子组成了回国学生和教师小组,其他对政治较不感兴趣者,亦因中国终于有了一个真正的政府,它能终止毁灭性的混乱与通货膨胀,并能终于统一了国家而高兴。而且,如同我从一些有思想的青年数学家那里了解到的,如果不是全部的话,绝大多数在国外的中国学者都饱尝了孤独,而且对他们国家的新生与成长怀有强烈的感情。"

1949 年前后,华罗庚曾向徐贤修、梅贻琦(清华大学前校长)等人谈了他的归国决定。

"归国当然是好事,可政治是很复杂的,留在美国也许能超脱一些。"梅贻琦先生谈了自己的看法。

"我深感教育洋人子弟,远不如教导祖国青年更有意义。"华罗庚的态度十分坚决。

"中国有句名言:'大学者,不是有大厦,而是有大师之为也!'你回去后,就去清华当一名普通的教授吧。"梅先生还鼓励华罗庚要不断进取,勇攀高峰。

当华罗庚把回国的打算告诉伊利诺伊大学校方时,得到了对方真诚的挽留。

"华先生,你可以先回去看看,你的孩子由伊大代为照料。"

一位管理人员说道。

"谢谢校方的好意。孩子我还是带走为好。中国人应该为中国效力,我想你们会理解我的心情的。"

1949 年岁末的一天,从外面回来的华罗庚十分兴奋,一进家门就大声喊道:"筱元,快拿酒来,今天要喝酒,好好庆贺一番!"

"发生了什么事?看把你高兴的,简直像个孩子!"吴筱元莫名其妙地问。

"你看!这是信,华顺来的信!祖国已经解放,叫我们赶快回去。你说这还不值得高兴吗?"

吴筱元慌忙接过女儿的信,看了一遍又一遍。信上说,祖国的北平已经解放,全城成了沸腾的海洋,共产党顺乎民心,纪律严明。华顺还特别强调,新中国刚刚成立,百业待兴,热烈欢迎各界爱国学人回国参加社会主义建设,并希望父母能尽快响应号召。

"走不走呢?我们还是再考虑一下吧。"事到临头,一直不适应美国生活的吴筱元倒显得犹豫起来了。

"走,当然走!"华罗庚斩钉截铁地说。

"要不,我先回去看看情形,然后你再决定是回去还是不回去。还有我们的孩子在这里,不敢太贸然吧?"

"不必这样做,我和你一起回去,而且越快越好。"

华罗庚积极张罗着回国之事,交接业务、预订船票、告别朋友……忙得不可开交。

他带过的学生闻讯赶来,并买了数学名著送给老师,以作纪念。要好的美国朋友也前来与华罗庚告别,并期望他回国之后别耽误了数学研究。华罗庚告诉他们:回去以后我还是要搞数学的,我已付了费用,让美国科学家年会定期把《数学评论》《数学学报》等刊物寄给我。后来的事实证明,这些杂志对以后初创的中国科学院数学研究所大有帮助。

这样,华罗庚丢下了洋房、汽车与半年的工资,带领妻子和三个孩子,来到旧金山,他们从这里与美利坚最后告别,踏上回归故土的征程。

5. 归去来兮

在从旧金山到香港的邮轮上,华罗庚一家巧遇数学家程民德。程民德毕业于浙江大学,长期工作于北大,是分析专家。不期而遇,殊途同归,两个人谈得格外投机。

华罗庚向程民德讲起了起航之前,在旧金山旅馆里发生的一件事:那天晚上,夜已经很深了,我还坐在旅馆的桌子前潜心写作。忽然,一阵轻轻的敲门声传了进来。门开了,一位国民党元老走了进来,此人也是国民党资源委员会的委员之一。他坐下来，神情凄然地对我说："华先生，听说你此行要回国了，我真羡慕你啊！你回到国内以后，请转告故人们，说我受了蒋介石的知遇之恩，不能回去了，希望资源委员会的其他成员和共产党合作，把国家建设好。"

"新中国，真是众望所归啊！"华罗庚深有感触地说。

登陆香港之后，华罗庚一不旅游，二不购物，而是闭门谢客，把自己严严实实地关在旅馆的房间里。几天之后，他写完了《致中国全体留美学生的公开信》，这封长信也是华罗庚投向新中国的决心书，他在信中写道：

朋友们：

不一一道别，我先诸位而回了。我有千言万语，但愧无生花之笔来一一地表达出来。但我敢说，这信中充满着真挚的感情，一字一句都是由衷心吐出来的。

坦白地说，这信中所说的是我一年来思想战斗的结果。讲到决心归国的理由，有些是独自冷静思索的果实，有些是和朋友们谈话和通信所得的结论。朋友们，如果你们有同样的苦闷，这封信可以做你们决策的参考；如果你们还没有这种感觉，也请细读一遍，由此可以知道这种苦闷的发生，不是偶然的。

…………

我们再来细心分析一下:我们是怎样出国的? 也许以为当然靠了自己的聪明和努力,才能考试获选出国的,靠了自己的本领和技能,才可能在这儿立足的。因之,也许可以得到一结论:我们在这儿的享受,是我们自己的本领;我们在这儿的地位,是我们自己的努力。但据我看来,这是并不尽然的,何以故? 谁给我们的特殊学习机会,而使得我们大学毕业? 谁给我们所必需的外汇,因之可以出国学习? 还不是我们胼手胝足的同胞吗? 还不是我们千辛万苦的父母吗? 受了同胞们的血汗栽培,成为人才之后,不为他们服务,这如何可以谓之公平? 如何可以谓之合理? 朋友们,我们不能过河拆桥,我们应当认清:我们既然得到了优越的权利,我们应当尽我们应尽的义务,尤其是聪明能干的朋友们,我们应当负担起中华人民共和国空前巨大的人民的任务!

……………

　　朋友们!"梁园虽好,非久居之乡",归去来兮!

　　但也许有朋友说:"我年纪还轻,不妨在此稍待。"但我说:"这也不必。"朋友们,我们都在有为之年,如果我们迟早要回去,何不早回去,把我们的精力都用之于有用之所呢?

　　总之,为了抉择真理,我们应当回去;为了国家民族,我们应当回去;为了为人民服务,我们也应当回去;就是为了个人出路,也应当早日回去,建立我们工作的基础,为我们伟大的祖国的建设和发展而奋斗!

朋友们! 语重心长,今年在我们首都北京见面吧!

一九五〇年二月归国途中

1950 年 3 月 11 日,新华社向全世界播送了华罗庚的《致中国全体留美学生的公开信》,他的心声通过无线电波传遍了五湖四海。

五

1950 年 3 月 27 日，中国各大报纸在十分醒目的位置上，刊登了这样一条新闻："闻名全世界的我国数学家华罗庚教授，已于本月 16 日自美国抵达首都北京，并已回清华大学任教，受到该校师生的热烈欢迎。"从这一天起，华罗庚便在生他育他的华夏热土上，辛勤耕耘，播撒成果。

1. 重返清华园

离开香港之后，华罗庚一家便乘上了驶往北京的列车。一踏上祖国的土地，他的心情便久久难以平静。青翠的南方树木、辽阔的华北平原都令他心跳不已。透过车窗，他看到刚刚获得土地的农民正在耕耘播种，便在心中祈祷：中国的农民太苦了，但愿新中国能使他们富足！

"呜——呜——"汽笛的长鸣声，打破了华罗庚的沉思。

"啊，到北京了！筱元，上次来北京是我一个人，这次可不一样了，是我们全家。"华罗庚兴奋地说。吴筱元连忙收拾行李，给孩子穿衣服。

华罗庚拄着拐杖，和吴筱元及孩子们一起走出了车厢。他一眼看到了自己的女儿华顺，还有先期到京的程民德。当然，前来迎接的还有政府官员。他们紧紧握着华罗庚的手，激动地说："欢迎，欢迎，欢迎您的归来！"

"你的公开信我们都读过了，写得很动人，写得非常好！"周培源说。

"公开信在海外肯定会产生影响的，定会有更多的海外学者回国参加建设的。"与华罗庚并排走着的钱伟长说。

听到这些话，华罗庚的脸上露出了笑容。当他们驱车经过车水马龙的长安街时，华罗庚凝视着窗外，心中想了许多许多。

回国之后，华罗庚的家被安置在清华园，他被安排在数学前辈熊庆来坐过的位置上，担任清华大学数学系系主任。

刚回清华园，各种形式的欢迎活动接连不断，慕名来访者更是络绎不绝。在清华园里到处都能听到关于他的议论。在数学系，他更成了大家谈话的主题——

"华教授真了不起！他的名字已进入华盛顿的斯密司尔尼博物馆，也是芝加哥科学技术博物馆中陈列的 88 位当代数学伟人之一！"

"他的'华氏算子''华氏不等式''华氏定理'在国外数学界响得很,无人不知啊!"

"他离开美国,放弃了优裕的工作、生活条件,有人说是放弃玫瑰园,走进了荒草地。"

"是金子总要发光,美国不见得就是事业的天堂吧!"

从这样那样的谈论中,华罗庚看到了人们对他的敬佩、热爱与期望,也汲取了催他奋发向上的力量。

1950年4月12日,他写信给维诺格拉朵夫,信中说:"我非常高兴地告诉您,我已辞去我在美国伊利诺伊大学的教授职务,现在已在为我的祖国服务了。我又担当起了位于中国北京的清华大学教授职务。"

在致一位中国留美学者的信中,华罗庚表示:"我已走马上任,决心在清华园开拓、创业,开辟新的环境。"

2. 筹建数学所

回清华园不久,一副重担便落在了华罗庚的肩上,中国科学院请他筹建数学研究所。

中国现代史上的第一个综合性的数学研究机构是国民党时期的中央研究院数学研究所,华罗庚曾为专任研究员之一。南京解放前,该院迁往台湾。

1949 年 11 月 1 日，中国科学院成立之后，筹备数学所的工作便被提上了议事日程。从 1950 年起，华罗庚成为数学研究所筹备处的实际负责人，田方增被聘为他的助手。筹备处首设于北京文津街，后来迁入清华园。在筹备数学所的过程中，华罗庚从早到晚、夜以继日地工作。从建所规划、部门设置、人员配备到课题确立，无不渗透了他的心血。1952 年 7 月，新中国的第一个数学研究机构——中国科学院数学研究所宣告成立，华罗庚被任命为所长。陈建功、苏步青、段学复、吴文俊、张宗燧、胡世华、吴新谋、闵乃大、关肇直、田方增等人为研究骨干。

数学所成立之后，华罗庚八方求贤，网罗人才。他注重数学科学的全面发展，既强调理论研究，又关注应用研究。1953 年秋，数学研究所最先成立微分方程与数论两个组。微分组组长为吴新谋，成员主要有王光寅、丁夏畦、孙和生、邱佩璋等人；数论组组长由华罗庚兼任，成员包括越民义、许孔时、吴方、魏道政与王元。后来还设有电信网络及电子计算机设计的研究小组。华罗庚号召大家各显其长，刻苦研究，早出成果。为了使研究人员便于发表成果，华罗庚主张由数学研究所编辑出版两套专刊丛书：甲种专刊与乙种专刊。专刊的出版、发行对推广中国数学研究、培养数学人才起到了积极作用。

建所初期，在国际、国内大气候的影响下，全所人员掀起了学习哲学与俄文的热潮。当时，科学院请艾思奇为全院开设辩证法与唯物论课,数学所成员积极参加;全所研究人员还到北京大学参加俄文突击速成班。经过集中训练与自学,全所人员基本上都可以阅读俄文专业书籍与杂志,有些人还能从事一些翻译工作。

在数学所开展工作的同时,华罗庚与国外学者保持着密切的联系,并利用寄贺年卡的机会,争取仍留在美国的数学家回国工作。陈省身、徐贤修、樊畿等人都多次收到他的贺卡,并被他的良苦用心所感动。

3. 访苏代表团

为了全面学习苏联经验,中国科学院曾派出了由 26 位著名科学家组成的庞大代表团去苏联考察。除华罗庚外,还有物理学家钱三强、天文学家张钰哲、大气物理学家赵九章、生物物理学家贝时璋、地质学家张文佑、建筑学家梁思成等。

1953 年 3 月的一天,科学家们乘坐的火车从北京出发,穿过了辽阔的松辽平原,向着白雪皑皑的西伯利亚进发。一路上,大家谈笑风生,说古谈今,气氛极为活跃。

"诸位,我们来对诗好不好?"诗兴大发的华罗庚说道。

"对诗? 当然好,不过,你要先来!"有人应声道。

"对! 华教授先来!"大家齐声附和着。

华罗庚想了片刻,微笑着说:"我的上句是:三强韩赵魏——请对下联。"

"哟!这可是最难对的一种。北宋时有人以'三光日月星'的上联求对,难倒了不少文人,只有苏东坡的'四诗风雅颂'对上了。后世,郑板桥曾收到一副对联,上联为'三绝诗书画',下联为'一官归去来',被文人墨客传为佳作。而华教授这'三强'不仅代表战国时的韩、赵、魏三个强国,又隐喻着在座的几位代表团成员的姓名,实在不好往下对。"一位对古典文学颇有造诣的代表团成员说道。

大家你看看我,我看看你,确实无人对得上。

"还是让华教授自己来对!"有人提议说。

华罗庚笑眯眯地抛出了下联:"九章勾股弦。"

"呀,真是绝了!"大家齐声喝彩。

华罗庚这下联确实极为讲究。《九章》为我国古代的数学名著,其中记载着我国数学家发现的勾股定理。不仅如此,这"九章"又恰是在座的物理学家赵九章的名字。华罗庚这则绝妙的对联后来在科学界广为流传,被誉为佳话。

中国代表团到达苏联后,先后访问了莫斯科、列宁格勒、基辅、塔什干和新西伯利亚等地,对苏联的科研机构与教育部门进行了考察,三个月后回到中国。

这次考察大大加强了中苏间的学术与文化交流。苏联不仅向中国出口了大量图书与设备，而且先后派出柯夫达、拉扎连柯等人到中国科学院担任总顾问。同时，中苏间青年学生与研究人员的互派工作也迅速开展。

这次访问对华罗庚来说意义也十分巨大，使他心中的一块石头终于落了地。在他回国后的短暂时间里，曾经历了"三反"与思想改造运动，尽管他积极响应号召，认真学习辩证法与唯物论，但内心仍然存在着疑虑：党是否完全信任我呢？直到他被委派为中科院访苏代表团的成员之一，他才打消了顾虑。后来，他在写给《人民日报》的文章中说："直到1953年的春天，我参加了中国科学院的访苏代表团，知道了苏联向中国政府征求意见，是否同意给我斯大林奖金，而中国政府立刻同意（后因斯大林去世，学术奖金停发），并且电调我回国搞《堆垒素数论》中文版。这时我感激得很，我觉悟到我的怀疑都是错了。"

访苏之后，华罗庚在中国科学院着重介绍了苏联数学的各方面成就。接着，中国科学院又被批准建立苏联式的学部。1955年6月1日至10日，中国科学院召开学部成立大会，华罗庚、陈建功、苏步青、江泽涵、许宝騄、柯召、段学复、王湘浩、李国平9人为数学学部委员。

4.《数论导引》

　　回国之后的华罗庚作为著名的学者,社会活动极为繁杂。他曾访问东欧诸国,参加了匈牙利数学家代表大会。他同时还是中国和平理事会和中苏友好协会的领导成员之一。1952 年10 月,他以和平战士的身份,参加了亚洲和太平洋地区和平会议。两年之后,又代表中国到斯德哥尔摩和东柏林参加了世界和平理事会,还被提名为亚洲国家会议中国筹备委员会成员。1955 年春,又和郭沫若率领中国代表团,飞往印度的新德里,出席了科学、技术和工程问题协调会议。

　　在繁忙的社会活动之余,华罗庚抓紧一切时间思考数学问题。他在上班的途中、会议当中的几十分钟休息时间都要读书,有时还边读边做笔记。

　　有一次,他的学生陆启铿向华罗庚提出了一个问题:"华先生,我发现您的好多藏书中都夹有黄土,这是什么意思?"

　　华罗庚一听这话便乐了,坐在一旁的吴筱元说:"这是在昆明的防空洞里弄的。当时日本飞机常来轰炸,可他什么也不管,躲在防空洞里仍然只知道读书。"

　　"噢!原来是这样。"陆启铿听后十分感动。华罗庚借此机会教育他的学生,要学会利用零星的时间,比别人付出更多才能获得更多。

20 世纪 50 年代初期,中国科学界百家争鸣、百花齐放,成为中国知识分子大有作为的时代。年富力强的华罗庚更是硕果累累,短短几年间,他发表的数学论文与专著累计已达百万字以上。其中《多复变函数论典型域上的调和分析》一文获得了国家一等发明奖,《数论导引》一书在国际上引起了强烈反响。

回国以来,华罗庚在数学所一直从事数论研究,并为"数论导引"讨论班上课。在教学过程中,他发现中国学生急需一本研究数论的入门参考书,便决定写一本适合中国学生的著作。在他的助手和学生赵民义、王元、吴方等人的协助下,1957 年,长达 66 万字的《数论导引》一书问世了。

华罗庚在该书的序中写道:

"我清楚地记得,1940 年我在昆明教数论时就开始写这本书,我根据我原有的以及一些新的手稿写了八九万字,估计着再写两三万就可以出版了。但是何处可以出版? 因此也就上不起劲来完成这一工作了。在美国执教的时候,又补充了一些,改写了一些,但那时补充和改写都是为了教学而没有考虑整个书的出版问题。真正积极认真地工作是解放以后的事。因为我国的参考书少,因此这一本把数论作一个全面介绍的书的写作工作被提到日程上来。

"解放后工作更忙了,但是说也奇怪,在同志们的帮助下,工作进行得反而更快了！篇幅大大地增加了，并且添了一半以上的新章节，采用了不少近年来的新成就——可以包括在本书范围之内的新成就。"

《数论导引》虽然用中文出版，但仍然引起了国际数学界的极大关注。熟悉中文的杰出数学家马勒在美国的《数学评论》上撰文，高度评价了这本书，他写道：

"这是一本有价值的、重要的数论教科书，它是按哈代与赖特的著作《数论入门》的风格写的，但范围却大大地扩充了。本书是用很清楚的简单文言文写成的，也可以作为一本很好的数学中文入门书。

"本书包含了许多最新的结果、有用的表，如二次域表及为学生而设的习题，它将引导中国学生在数论中作出更多的贡献。"

25 年之后，《数论导引》一书由斯普林格出版社用英文出版，不仅不过时，而且极为畅销。数学家卡塞尔在评论《数论导引》英文版时这样写道：

"当我是一个学生时，哈代与赖特的《数论入门》第一版（1938 年）引导我进入了数论领域，我总是把这本书作为进入数论各领域的非常唯一的入门书。当华罗庚的书出现时，我的一两个熟朋友曾欢呼，他们可以读到和哈代与赖特的书相提并论的书了。直到这个美好的翻译出现时，我才知道它包含些什么。

"这两本书在有些地方是类似的，即一些章节用来介绍数论的基础的某些主题，所以不可避免地有些地方是相同的。但也有很多相异之处。例如，华罗庚的书中包含有二次型理论，好几章讲述矩阵算术、模群的几何及史尼尔曼密率（用于华林问题及表示为素数和问题）——完全不同的主题，却又是完全适宜的。"

六

"中国需要科学,科学需要人才。科学家不仅要有研究专业之能力,而且要具备伯乐之胆识。"这是华罗庚的一向主张。他的求贤之举在科学界引出了一段佳话:一位性情怪僻的图书馆管理员被华罗庚从厦门召到北京。当这位青年忐忑不安地走进中国科学院数学研究所的大门时,他终于体会到了华罗庚当年揣着熊庆来的电报步入清华园时的心情。

1.《典型群》

华罗庚身在美国之时,就考虑到回国之后当务之急是要为中国数学培养一批接班人,从何处入手呢?经过反复思量,他决定通过一个研究课题带出一批学生,于是"典型群"的研究便列入了华罗庚的计划。

回国不久,华罗庚便在清华大学组织了关于典型群问题的研讨班,他的打算是:组织一批大学四年级或刚刚毕业的学生,引导他们围绕着典型群这一问题,边学习,边研究,在工作过程中逐步扩充其知识领域,培养其研究能力。等该课题完成之后,参加者便对典型群论、射影几何学、矩阵论及群表示论等数学分支有一个全面而较为深入的了解。筹建数学所之后,华罗庚把典型群定为代数组的研究方向,除万哲先外,刚刚毕业的潘一民、应玫茜、卢向华、曹传书、荣惠敏、任宠硕、许以超等都参与进来。在课题研讨过程中,青年人学到了知识,也学到了研究思路与方法。

经过一番辛勤的劳动,《典型群》一书终于出版了。在该书的序言中,华罗庚与万哲先写道:"1950 年作者选择这个主题的原因之一是为了易于训练干部,因为它预备知识需要得少,可以从简单处着眼,从具体处着手。它发展前途不小,通过这一系列研究可以熟悉代数学、几何学中不少分支,可以从宽广处着眼,从抽象处着眼。换言之,开始时不受基础的限制,终了时不致局促于太窄狭的领域之中。"

20 世纪 50 年代,中国科学院数学研究所除了典型群外,还设立了许多研讨班,很多青年学者在研讨班受到锻炼,逐渐成为数学研究的后起之秀。

华罗庚目睹数学研究所在短短的几年间,已由一无设备、二无人员的状态发展为粗具规模的研究机构,心中有说不出的自

豪与激动。他常常说,这与党和国家的关怀与重视是密不可分的。熟悉华罗庚的人,都不止一次地听他讲述这样一个故事:

那是 1952 年全国第二次政治协商会议召开期间,一天晚上,怀仁堂正在为代表们举办文艺晚会。

舞台上,帷幕已徐徐拉开,台下,灯光暗淡,鸦雀无声。这时,刚赶写完一篇发言稿的华罗庚慌慌张张地走了进来。他一手拄着拐杖,一手拿着请柬,焦急地寻找着自己的座位。可是,他找来找去,怎么也找不到。正当他不知所措之时,远远的座位上,有一个人在频频向他招手,华罗庚心中一喜,连忙朝着招手的方向走去,很快在一个空位置上坐下。

"这个位子角度不错,来得早不如来得巧啊!"华罗庚一边拿出手帕擦汗,一边想。

这时,他想起了刚才招手的人,扭头一看,不禁大吃一惊:"噢,是毛主席啊!"

"你好啊!"主席用浓重的湖南话向他问好,并慈祥地笑了笑。华罗庚激动得连话也说不出来了。

过了一会儿,他们边看戏,边交谈。谈话中,他惊奇地发现,毛主席对他的经历非常熟悉,鼓励他要为中国多培养些人才。

"华罗庚同志,你也是苦出身,希望你为我们培养出好学生来!"主席用温暖的手,拍着他的肩膀说。

"主席,我一定努力,一定努力!"华罗庚连忙答应道。

此后,毛主席和华罗庚还谈起了京剧,坐在一边的梁思成也不断插话,谈到高兴之处,三个人竟放声大笑。

这件事给华罗庚留下了极为深刻的印象,也坚定了他培养人才的决心。

当他带领青年人从事典型群等课题研究时,他的一位外国朋友曾劝他别因为一些普及性的工作而误了自己的科学研究,并特别强调,以他的名望与影响而言,他已不仅仅属于某一个国家,而是属于全人类。

对朋友的善言相劝,华罗庚付之一笑。他曾这样对吴筱元说:培养人才,培养梯队,自然要花费精力,必要时还会付出一些牺牲。可我不这样做行吗? 毛主席和政府如此地信任我,寄希望于我,我不倾全力,就会良心不安哪!

2. 严师出高徒

华罗庚十分爱才,他在选择学生时,从不讲究其相貌、出身,只认其学识。

留美归来之后,华罗庚曾应邀在广州中山大学作了一次学术报告,在广大师生中影响很大。当时,听众席上有位半身瘫痪、必须靠双拐才能行走的残疾青年。他听得格外出神,华罗庚的一言一语都深深地感染着他。

"毕业以后,我要到北京去,朝夕待在华先生的身边,天天聆听他的教诲。"青年对自己说。

这位青年后来曾多次萌发给华先生写信的想法,可一提起笔来就没有勇气了。"中国这么大,有多少人喜欢数学,华先生作为一个无人不知的大数学家,仰慕、追随者不计其数,他怎么会收我这个残疾人做学生呢?"青年人不止一次这样想。

最后,他还是下定决心,抱着试一试的心理,给华罗庚写了一封信。

正在他惴惴不安之时,果然收到了北京的来信。"华先生同意我应试了!"青年人激动得不能自制。这位艰难上路的青年人,就是后来颇有造诣的数学家陆启铿。

后来,每想起这段经历,陆启铿都从内心感激他的老师,敬佩他的老师。

华罗庚在招收学生时,要求也极为严格。他的得意门生王元在这方面是深有体会的。

王元,江苏省镇江人,其父王懋勤是一位高级知识分子,曾工作于中央研究院,对华罗庚十分敬仰。

"华罗庚可是个不简单的人啊!你们要多向他学习。"父亲曾不止一次地教育他的孩子们。

当王元还是一位中学生时,父亲便为他安排好了前程。

"王元,将来长大了,你就学数学吧!"父亲说。

"好呀,我就拜华罗庚先生为师吧!"王元也高兴地说。

十年之后,王元为了实现自己的理想,来拜见华罗庚。那是1952年的一天,身为浙江大学毕业生的王元拿着苏步青、陈建功教授的推荐信来到华罗庚的工作处。

当时的苏步青、陈建功均已是有名望的数学家,可华罗庚对他们的推荐信并不十分在乎,他仔细地打量了这位瘦小而且显出几分局促的南方青年,表示光靠着推荐信,他不能下结论,必须经过当面考试。尽管王元在中学、大学期间,数学成绩一直很好,可此时还是免不了有些紧张。

"他怎么这么年轻呢? 我还以为他是个老人呢! 他这么严肃认真,我真怕自己过不了这一关……"王元在心里嘀咕着。

"王元!"

"有。"

"来,来,来,到这里来!"华罗庚坐在黑板前向他招手。

王元走过来,站到黑板前。华罗庚向他问了一个他万万没有想到的问题:关于平面二次曲线的分类,也就是解析几何中将二次曲线变成标准型,如何用二行二列的矩阵写出来。

这本来是一个比较简单的数学问题,可心情紧张的王元竟一时答不上来,想了半天还是没有结果。

"怎么回事,你怎么把中学学的东西都忘了?"华罗庚追问道。

"华先生,让我再想想吧!"王元已经是满头大汗了。

"我看你是太笨了,这么容易的题目都做不出来,我自学的时候没有人教,也都学会了。你要学会独立思考,学会联想数学的一些内在关系。你念过大学,懂得矩阵,就应该学会思考怎样用大学数学的观点来看待中学学过的东西啊!"

华罗庚说话时的表情很严肃,满屋子的人,悄然无声。王元在黑板前被罚站两个小时。最后,华罗庚对他说:"回去再想想吧。"

不肯认输的王元,事后经过认真演算,第二天便把结果告诉给华罗庚。

"这就对了嘛!"华罗庚听了以后十分高兴。接着,他又出了一些题,王元对答如流。

"你通过了!"华罗庚决定收下这个弟子。

然而,给华罗庚做弟子可不是件容易的事。这一点他的学生们是有同感的。

"起来,起来!"有时天还未大亮,人们便听到华罗庚的敲门声。他把宿舍里的学生一一叫起,或者给他们上课,或者讨论问题,一忙就是半天。

有时,半夜三更的,他也去敲学生的门:"别睡了!白天的题目还得再讲一讲。"这一讲就讲到天亮。

这时的华罗庚年富力强,精力充沛,从不休礼拜天,学生们也不得不跟他一起加班加点，专攻学业。华罗庚一旦发现哪个学生有懈怠现象，便严加训斥。

这种严格的教育方法，连师母吴筱元也动了恻隐之心，她心疼地说："哎呀，他们这么年轻，你礼拜天、晚上也不让人家休息，人家找不到对象怎么办？"

大家一听都笑了。

华罗庚便辩解说："不刻苦，不用功，将来没有出息，恐怕才真找不着对象呢！"

华罗庚常教育学生要独立思考，善于发现问题。

"如果自己的脑子里没有问题了，那就不是数学家了。"他说。

在研究过程中，他鼓励学生们多给自己提意见，并明确表态："对于不肯给我提意见的人，我不指导他做研究。"

严师出高徒。在华罗庚的辛勤培养下，短短的五年间，赵民义、万哲先、陆启铿、龚升、王元、许孔时、吴文、魏道政、严士健、潘承洞等人迅速成长，这些人后来都成了较有名气的教授，成了我国数学界的骨干。以华罗庚为中心的中国学派在国际数学舞台上倏然而现，引起了人们的关注。

在谈到培养梯队的感受时，华罗庚讲道："唐宋八大家，文章首韩柳。他们对培养人才都有精彩的比喻。现在经常提到的是韩文的伯乐、千里马，值得一提的是，韩文中还提了培养千里马的方法,策之以其道,食之尽其才,鸣之通其意。当然楚王爱马,喂之以枣脯,衣之以文绣,结果厩马肥死,这是公之不能尽其才的过错。武则天治烈马,一根铁鞭,一把匕首,一个铜锤,不怕烈马不服,这种与之不以其道的方法,即使千里马服帖了,但非死即伤,究有何益?当然我们不鼓励那种不埋头苦干专作嘶鸣的科学工作者,但我们应当注意到科学研究在深入而又深入的时候,而出现的'怪僻''偏激''健忘''似痴若愚',不对具体的人进行具体的分析是不合乎辩证法的,鸣之而通其意,正是我们热心于科学事业者的职责,也正是伯乐之所以为伯乐。"

3. 数学竞赛活动

华罗庚是我国中学生开展数学竞赛活动的创始者、组织者、参与者。

早在1946年访问苏联时,他曾目睹了苏联的数学竞赛活动,深深地感到这是推动中学生热爱数学、学习数学的极好方式。在他的积极倡导下,1956年,中国首届中学生数学竞赛活动,在北京、天津、上海与武汉四大城市举行。华罗庚、陈建功、苏步青、江泽涵、段学复、傅种孙、吴大任等著名数学家都积极参与了这项活动。这一年,北京市共有62所中学参加了竞赛,622名高三学生为参赛选手。数学研究所、北京大学数学系、北京师范大学数学系的教师负责出题、监考、评卷,赛后决出名列前茅的选手。然后,经过著名数学家的接见,再把他们免试送入大学数学系,继续深造。在这次竞赛前,数学研究所专门租了一个戏院,由华罗庚向参赛生、中学教师及一些数学家作了题为《从杨辉三角谈起》的报告。后来,在潘一民的协助下,华罗庚把演讲稿扩写成一本小册子,正式出版发行。

1957 年,数学竞赛活动进一步开展到南京等城市。此后,由于"反右倾""大跃进"等一系列政治运动接连不断,数学竞赛活动也人为地停止了。

1962 年,随着全国形势的好转,北京市又恢复了数学竞赛。华罗庚再次出任赛委员会主任,副主任为江泽涵与吴文俊。华罗庚为参赛学生与教师作了题为《从祖冲之的圆周率谈起》的报告。以后,这个报告也以小册子的形式出版了。此外,华罗庚还为中学生写了《从孙子〈神奇妙算〉谈起》《数学归纳法》《谈谈与蜂房结构有关的数学问题》等小册子。在向青少年传授科学知识的同时,他利用一切机会对孩子们进行爱国主义教育,启发他们的民族自尊心与自豪感。

1962 年春天的一天,北京市的 80 多名中学生数学竞赛优胜者,特地访问了他们极为崇拜的华罗庚先生。华罗庚和孩子们进行了亲切、友好的交谈,阵阵热烈的掌声和孩子们的欢声笑语从会议室里传了出来。"请您谈谈怎样学习数学?""请您说说怎样进行独立思考?""谈谈您的学习经验吧!"……孩子们你一言,我一语,提出了一个个问题。

"学习是件很艰苦的事。要学好,就得花力气,刻苦钻研,付出劳动的代价。当然,不是每个人都能做到刻苦学习的,只有那些树立了远大理想的人,才不怕困难,才敢于探索别人未能解决的问题。"华罗庚语重心长地说着,同学们则入神地听着。

"至于如何学好数学,我想必须多做习题,基本功要常常练,有机会就练,不要轻易放过难题。碰到难题一时想不出来,不要泄气,继续想,经过一番深思苦想以后,想出来了,那时的心情愉快极了。即使当时想不出来,也不要紧,这可以养成独立思考的好习惯,培养独立思考的能力。"

华罗庚还以"独立思考、锲而不舍"八个字,勉励孩子们刻苦学习,成为祖国的栋梁之材。

60年代中期以后,随着"文化大革命"的开展,数学竞赛活动再度停止。

1978年,粉碎"四人帮"之后的第一届数学竞赛活动开始了。北京、上海、天津、陕西、安徽、辽宁、四川、广东八省市展开了规模空前的竞赛。华罗庚再度出任竞赛委员会主任,并亲自主持出题与评卷等工作,还出版了《全国中学数学竞赛题解》一书。

在谈到这次竞赛活动时,华罗庚动情地说:"这样的事,只有在党中央粉碎了'四人帮'后才会出现,其影响遍及全国,其意义之深远是难以估计的,我参与其事的体会是说不尽的。"

1979 年,中学数学竞赛发展为 29 个省、市、自治区参加的大联赛。为了更好地领导这一工作,1980 年在大连召开了全国数学普及工作会议,总结了以往数学竞赛的经验,确定了以后的方针,许多年轻的数学家积极参与了这一工作。

4. 治学之道

随着华罗庚社会影响的不断扩大,越来越多的青年人对他的学习方法深感兴趣,不少人通过直接或间接的方式向他提出了这一问题。再加上新闻媒体存在着一些浮夸的宣传,把华罗庚说成"天才"。为此,他花费了不少时间与精力,在报刊上发表文章,力求客观地把自己的学习经验与体会介绍给广大青年。在一篇题为《聪明在于学习,天才在于积累》的文章中,华罗庚谆谆教诲青年人说:

"许多有名的科学家和作家,都是经过很多次失败,走过很多弯路才成功的。大家平常看见一个作家写出一本好小说,或者看见一个科学家发表几篇有分量的论文,便都仰慕不已,很想自己能够信手拈来,便成妙谛,一觉醒来,誉满天下。其实,成功的论文和作品只不过是作者们整个创作和研究中的极小部分,甚至这些作品在数量上还不及失败的作品的十分之一。

"有的同志也许觉得我在数学方面有什么天才,其实从我身上是找不到这种天才的痕迹的。我读小学时,因为成绩不好就没有拿到毕业证,只拿到了一张修业证书,在初中一年级时,我的数学也是经常补考才及格的。从初中二年级以后,就发生了一个根本转变,这是因为我认识到既然我的资质差些,就应该多用点时间来学习,别人只学一小时,我就学两个小时,这样我的数学成绩才不断提高。"

华罗庚还反复强调了积累的重要性,他说:"首先应当提出的是不急不躁,细嚼慢咽。一步不懂不轻易走下一步,每一种方法都力求运用熟练。读十本八本,不甚了解,反不如把一本书从头到尾读得精通烂熟。所谓烂熟不只是会背会算,而是能掌握基本精神、基本原理,能够灵活运用,并且必须注意它的连贯性,依照深浅,一本一本地学习下去。……一言以蔽之,我们必须认识科学知识的积累性。学习科学知识有如筑塔,级级上升,每一级都建筑在以下诸级之上。因之,一级不稳,就筑不上去。"

1956 年 1 月 20 日,华罗庚在《中国青年报》上发表了一封给青年的热情洋溢的信,他以数学所几位青年的成长历程为例子,鼓舞成千上万的青年脚踏实地寻找一种适合自身的学习方法,然后一步一个脚印地朝前走,并指出,只有不怕辛勤与艰苦,忘我劳动的人,才有可能攀登别人没有登过的顶峰。

随着时间的推移,华罗庚不断对自己的治学方法进行新的补充与发展。1962 年,他把学习过程总结为"由薄到厚"和"由厚到薄"两个阶段。所谓"由薄到厚"是指学习、接受知识的过程。"譬如我们读一本书,厚厚的一本,加上自己的注解,就愈读愈厚,我们知道的东西也就'由薄到厚'了。但是,这个过程主要是接受和记忆的过程。'学'并不到此为止,'懂'并不到此为透。"所谓"由厚变薄"是指"把那些学到的东西,经过咀嚼、消化、融会贯通,提炼出关键性的问题来"。这时,你就会觉得这本书和这帙资料已经变薄了。

70 年代末,华罗庚又提出治学之道是"宽、专、漫",即"基础要宽,然后对专业要专,并且还要使自己的专业知识漫到其他领域"。

华罗庚的上述经验之谈,不仅指导了年轻人的学习,而且对科学研究也有着很大的指导意义。从这些言谈中,也充分体现了华罗庚对青年一代的厚爱与期望。

5. 新星出现

1956 年的一天,华罗庚收到一封署名"陈景润"的来信,信中附有一篇题为《塔内问题》的论文,请华罗庚过目。

"太好了! 文章颇有新意。"华罗庚读后,大加称赞。

"这个陈景润真有想法，这人很值得培养。不知道他是干什么的？"华罗庚心想。

后来从一位正在数学研究所进修的厦门大学教师林坚冰那里得知，陈景润是厦门大学的图书管理员。

一天，陆启铿要去南方出差，华罗庚特地交代他说："你到了厦门，一定要去拜访一下陈景润，问问他如果愿意的话，就说我请他作为特邀代表，到北京参加数学讨论会，路费全部由我们付。还请你拜访一下厦门大学的负责人，就说如果他们愿意的话，我想把陈景润调到北京来工作。"

当着老师的面，陆启铿没有说什么，只是满口答应了先生的安排。可直到坐在了火车上，陆启铿仍在纳闷：陈景润何许人也？值得华先生如此器重吗？

陈景润，1933 年生，福建省福州市人。50 年代初，当华罗庚在数学研究所大力选拔人才之际，陈景润正在厦门大学数学系上学。

数学教员李文清是陈景润极为崇拜的人，也是给予了陈景润很多影响与帮助的人。有一次，李老师在课堂上提到了哥德巴赫猜想问题，陈景润听得格外认真。

李老师讲道："同学们！在数论发展史上，还有三个没有解决的大难题，这就是费尔马问题、孪生素数问题和哥德巴赫猜想。"

李老师环顾了一下教室里的同学,又接着说:"1742年,德国有位名叫哥德巴赫的数学家,给大数学家欧拉写了一封信。他在信中提出了两个猜想,第一个猜想是:任何一个大于2的偶数都是两个素数之和。第二个猜想是:任何一个大于5的奇数,都是三个素数之和。欧拉给哥德巴赫回信说,他相信这个猜想是对的,但是他说,他不能证明。18世纪、19世纪的数学家们试探过,都没有能够作出证明。1900年,德国数学家希尔伯特在第二届国际数学家大会的著名演说中,把它作为19世纪最重要的未能解决的数学问题之一,留给了20世纪的数学家们。1921年,在剑桥大学召开的国际数学家大会上,德国数学家朗道无可奈何地承认:'用现今的数学方法,要证明哥德巴赫猜想是力所不及的。'"

　　"这么难证明吗? 真的无人能突破吗?"听着老师的话,陈景润暗暗地想。

　　"同学们,俗话说:世上无难事,只怕有心人。将来你们当中要是有人解决了其中的一个问题,对世界数学的科学研究都是极为了不起的贡献。"老师的话引起了陈景润强烈的共鸣。

　　陈景润家境很苦,父亲是一位小职员,母亲病逝得很早,贫穷夺走了他6个兄妹的生命,他虽然活了下来,但因营养不良,长得又矮又瘦。在这样的环境中长大的陈景润沉默寡言,很少与人交往,在学校里也是只知道读书,不懂人情世故。大学毕业之后,他被分配到北京四中教书,但一贯离群索居的他竟然无法适应这份工作,常常站在黑板前不知所措。他把自己的苦衷写信告诉了厦门大学校长王亚南,在王校长的努力下,他被调回厦门大学图书馆当上了图书管理员。

无论工作如何变动,陈景润对数学的浓厚兴趣丝毫不减。华罗庚的《堆垒素数论》是他天天随身携带的书,走到哪里,读到哪里,算到哪里,这本书他从头至尾,研读了七八遍,一些重要的章节竟然读了四十多遍。厦门地处海防前线,中华人民共和国成立初期,国民党的飞机常来骚扰,学校里响起防空警报时,师生们必须尽快躲到防空洞里去。为了能把躲警报的时间也用来读书,陈景润把华罗庚的书一章一章地拆开装在口袋里,借着暗淡的光线,认真阅读。

一天晚上,夜深人静之时,两个查夜的学生看到校园的灯火都灭了,只有一个窗口透出了微弱的光亮。仔细往里一看,只见一个很大的黑色灯罩遮着灯光,灯光下的人也变成了一个黑影。

"这里是海防前哨,会不会有人在搞破坏呢?"一个学生小声说。

"进去看个明白。"于是,他们敲了门。

当他们走进这间屋子时,看到的是写满数学公式的稿纸散落在桌上、床上、地上,屋子的主人陈景润呆呆地站在那里。

不知道说什么才好,"对不起!"两个学生道歉后便离去了。

通过对《堆垒素数论》的反复研究,陈景润发现,该书还有可以改进的地方,即利用第五章中所阐述的方法对第四章中的某些结果进行改进。他把自己的想法写了出来,这就是他的第一篇学术论文《塔内问题》。

他把自己的论文首先交给李文清老师过目,一天,李老师来到了陈景润的宿舍。

"你的这篇论文我和几位老师都看过了。我们认为你的改进使《堆垒素数论》更完美了。这本书如一颗明珠,你的工作好比把这颗明珠上的灰尘拭掉了。因此,如果你愿意的话,我们觉得应该把它寄给华罗庚教授看看。"

"这,合适吗?这是数学大师的著作,这样做是不是显得太狂妄呢?"

"不会,不会!华罗庚是举世闻名的科学家,凡是真正的科学家都崇尚真理,不迷信权威,都会提携后辈的。"李老师极力鼓励他打消顾虑。

过了几天,陈景润便怀着矛盾的心理,把论文寄给了华罗庚。

正如李文清老师所说的一样,华罗庚十分豁达大度。他的《堆垒素数论》自问世以后,听到的只是赞誉之词,从来没有人提出异议。现在,突然有一位无名青年不仅提了问题,而且还提出了合理的改正意见,他感到十分高兴,并颇为感慨地对他的学生们说:"你们天天待在我的身边,怎么就没有对我的著作提意见呢?倒让一位素不相识的青年改进了我的工作。"

事后不久,华罗庚吩咐他的助手:"给陈景润发个请帖,说我请他作为特邀代表,到北京来参加数学讨论会。"

当陈景润收到了华罗庚的邀请信与一张事先预订的从厦门到北京的软席卧铺票时,他激动得潸然泪下。那天晚上,他一夜未睡,脑子里老是在转着这样一个念头:"华教授真是天下最好的人!他这样提携一位无名小辈,真是太感人了。"

这件事很快在厦门大学传开了。几天之后,陈景润乘上了北去的列车,来到了位于西苑大旅社的会议报到处。负责会议工作的王元立即安排了他与华罗庚先生会面。

"你好,你就是陈景润?"在一间会客室里,华罗庚仔细打量着这位腼腆的青年人。

"谢谢,谢谢华老师!"局促不安的陈景润除了"谢谢华老师"之外,似乎已找不出第二句话来。

"你写的《塔内问题》我看过了,写得很好,很有想法。"

"谢谢,谢谢……"

第二天,华罗庚还亲自推荐陈景润在会上报告了他自己的研究成果。

学术讨论会结束以后,华罗庚便为陈景润进京工作之事而忙碌。当时,不少朋友、同事曾给他推荐人选,他都婉言谢绝,唯独这位陈景润他十分乐意留下。陈景润是华先生一生中点名要的第一个人,也是唯一一人。

1956 年一个晴朗的秋日,陈景润提着行李走进了中国科学院数学研究所的大门,面对这一名家云集的专业研究机构,他终于体会到了华罗庚当年揣着熊庆来的电报步入清华园时的心情。

丰富的藏书、名师的指导、充分的研究时间,使陈景润如鱼得水。为了读书,他终日埋在图书馆里,饿了啃几口干馒头,渴了喝点白开水,一坐就是一天。甚至连下班的铃声也没听到,被工作人员反锁在屋里。由于思考问题太过专注,他竟然把头撞在大树上,碰了一个大包,还问是谁撞了他。他不止一次地拿着碗去食堂吃饭,空转一圈,又拐到了宿舍,竟然把吃饭的事忘了。见了熟人、同事常常一句话也不说,别人跟他打招呼,他也是半天没有反应。

"华教授不知怎么想的,从那么远的地方调来了这么个怪物!"

"就他那么个傻劲儿,能有什么惊人之举!"

个别同志在背后开始议论了。当这些话传到华罗庚的耳朵里时,他笑着说:"你们别小瞧这个陈景润,他将来很可能会成为一颗新星,超过你们中的许多人。"

华罗庚极为关心陈景润,不仅在学业上给他以引导,而且把他树为"安、钻、迷"的典型,让全所同志都学习他的钻研精神。1963 年,当全所科研人员提职时,华罗庚极力争取,把陈景润从实习研究员提升为助理研究员。

60 年代初,陈景润在华林问题、圆内整点问题、球内整点问题与除数问题上连续取得进展,并开始向哥德巴赫猜想挑战,而且最终攻克了这一难题,摘取了数学皇冠上的一颗明珠。在此过程中,华罗庚给予他的鼓励、关怀与帮助,陈景润一直铭记在心。

当著名的"陈氏定理"轰动国际数学界时,陈景润被誉为"移动群山之人"! 这时,他仍然没有忘记华罗庚的教导之恩,他常说:"我的老师华罗庚栽培了我,没有他的提携,我绝对不可能有今天!"

陈景润的出名,使华罗庚非常高兴。他庆幸自己当初的选择,也庆幸自己的事业有了出类拔萃的继承人。他不止一次地说:"当年给陈景润开的'后门'确实开对了,中国多几个陈景润,就多几分希望。"1963 年起,他多次在自己的著作中推荐陈景润的研究成果,并给予了高度的评价。

七

20世纪50年代末开始,刚刚扬眉吐气的新中国,又开始卷入一场场政治风潮之中。华罗庚一会儿被斥为"漏网右派",一会儿又被划入"保守派"。一次次交上了入党申请书,又一次次被拒绝。他百思不得其解:我华罗庚到底错在哪里?

1. 又挑重担

1956年1月,中共中央召开了知识分子问题会议,周恩来总理在会上作了关于知识分子问题的报告。报告指出:在社会主义时期,除了依靠工人阶级的积极劳动外,还必须依靠知识分子的积极劳动。报告还强调:我们目前对于知识分子的使用和待遇中的某些不合理现象,特别是一部分同志对于党外知识分子的某些宗派主义情绪,更在相当程度上妨碍了知识分子现有力量的充分发挥。会议要求科学家们制定1956年至1976年二十年科学发展规划。

周总理的报告激发了广大知识分子的积极性，华罗庚更是激动万分，他十分欣慰的是，在他心中思考已久的一件事将要列入党中央的发展计划。

早在美国留学时期，宾夕法尼亚大学就制造出了第一台电子计算机。华罗庚逐渐认识到，人们对计算机的关注并不是出于好奇，而是因为它向世人展现了一个崭新的、充满希望的科技领域。中国要想赶上世界科学，就必须抓紧介入计算机技术的研究。

从哪里找人呢？华罗庚想来想去，突然想到了闵乃大教授。闵教授是清华大学电子系电讯网络研究室主任，也是留德归来的电讯网络专家。他想动员闵教授从电讯网络转向电子计算机研究。开始，闵教授对华罗庚的建议颇为犹豫，经过一番考虑之后，也就同意了。另外，刚从英国归来的留学生夏培肃与清华大学电机系毕业的王传英也表示愿意参加。

1952 年秋的一个晚上，闵乃大、夏培肃、王传英三人共同拜访了华罗庚。华罗庚兴致勃勃地与他们谈了很多。回去之后，三位年轻人便组成了中国第一个计算机科研小组，在一无所有的情况下，开始了拓荒性的研究工作。

1956 年，关于知识分子问题会议召开之后，华罗庚把夏培肃等人召到了西郊宾馆，高兴地说："电子计算机已经引起了党中央的重视，这次也要加以规划。以后就可以大干一把了。"

为了能使未来的规划博采各国之长，华罗庚主持召开了一系列报告会，就国际上计算机技术的发展状况及中国的发展战略问题进行了热烈的讨论。会上，大家争论不休，也有人提出，中国百废待兴，恐怕很难在计算机方面有所突破。最后，华罗庚集中了大家的意见，提出了"先集中、后分散"六字方针，即在人力、物力有限的情况下，集中精力先打歼灭战。华罗庚的主张得到了大多数人的同意。

紧张的规划工作开始了，华罗庚等人经过几个星期的紧张工作，终于拿出了中国第一份计算机技术的发展规划。

最后，经过全国科学规划委员会的审议与周总理的批准，计算机技术、半导体、电子学、自动化、喷气技术被列为国家急需的重点项目。为了实现这些项目，政府采取了紧急措施，由中国科学院来负责组织与实施。1956年7月28日，中国科学院召开院常务会议，决定成立计算机研究所、自动化及远距离控制研究所、电子学研究所和半导体物理研究小组，并任命华罗庚、钱伟长、李强、王守武四人分别为这四个机构的负责人。

1957年初，中国知识界仍然处在一种百花齐放、蓬勃向上的状态。2月17日，毛主席在一篇报告中还专门提到了自学成才的华罗庚，使华罗庚深感荣幸。可仅仅几个月之后，科学家们都明显感觉到政治气候已发生了突然的变化。

2. 政治风潮

1957 年 6 月 8 日，中共中央发出了关于组织力量准备反击右派分子进攻的指示。同日，《人民日报》发表了《这是为什么?》的社论，全国范围内的反右派斗争便开始了。6 月 9 日，《光明日报》上发表了中国民主同盟中央委员会"科学规划问题"临时研究组负责人曾昭抡、千家驹、华罗庚、童第周、钱伟长向国务院科学规划委员会提出的关于我国科学体制问题的书面看法，即《对于有关我国科学体制问题的几点意见》。可是意见发表之后，被认为是"一个在科学工作方面反社会主义的资产阶级纲领"，成了科学界的大"毒草"。随之而来的是没完没了的检查、检讨与揭发，中国科学院的主要工作成了挖右倾分子。

截至 1958 年 2 月，科学院系统总共定了 100 多名右派分子，其中在中国科学院工作的学部委员有 2 人、研究员 8 人、副研究员 3 人、助理研究员 22 人、实习研究员 72 人、其他人员 52 人。由于当时以张劲夫为首的院领导对科学家积极给以保护，所以，高级研究人员中的比例相对低一些。华罗庚虽然未被划为右派，但在许多人的心目中，他是漏网的右派分子，在当时的背景下，光这顶帽子就足以压得他喘不过气来。

反右派斗争刚告一段落，1958 年 2 月 9 日，《人民日报》便报道了第一届全国人民代表大会第五次会议的决议，提出应与工农战线的"大跃进"紧密配合，加快知识分子的改造步伐，促进文化高潮的到来。很快，中科院也掀起了"大跃进"高潮，研究指标与研究成果一再浮夸。5月15日，中科院向党的八大二次会议报告了全院的跃进计划，提出"自然科学研究要在十年之内赶上美国"，并把这种报告汇报给中央。

当时，华罗庚等科学家对这种浮夸现象深感忧虑，可谁也不敢发表不同看法，甚至违心地说假话。5月2日，《人民日报》发表了《让科学之花遍地盛开》的报道，其中说："数学所所长华罗庚提出在12项数学问题上要在十年内赶上美国，并且要把计算机技术、人造卫星、大水坝等各方面提出的一切数学问题完全包下来。该所偏微分方程组的青年干部提出了比华罗庚更先进的指标，认为偏微分方程方面在两年内即可赶上美国。"

华罗庚的发言已经是违心地夸大了，但仍然被一些人认为"太不先进"，他被划入了保守派的行列。

其实，从内心来说，华罗庚对"大跃进"的做法是极为反感的。这一点，我们可以从1966年中国科学院数学研究所"文革"材料组所整理的《打倒反党反社会主义的资产阶级反动大学阀华罗庚》的材料中找到有力的证明，材料中这样揭发他：

1961年6月，华罗庚在去苏联的飞机上，就对翻译说：

"我国的困难是由于'大跃进'的螺距太大造成的。""'大跃进'砍掉了我们的数论,天下事就是这样,他们根本不懂。"在与列宁格勒中国留学生的谈话中,华罗庚说:"近几年的教育是个失败!"说完觉得失言了,改口说:"当然不能说是失败,是个教训吧!"

确实,在很多场合,华罗庚都表示出了对"大跃进"的不满,在1962年至1964年间,他发表的一些文章中常常借题发挥。例如,他在《高等数学引论》的序言中这样说:"这既是急就章,又是拖沓篇,1958年匆匆上马,错误百出,疵谬迭见","紧紧松松,赶赶拖拖,因而详略不一,前后不贯,轻重失调,呼应不周等毛病在所难免了"。

1964年,他又写道:"向前走了三里路,发现错了,不要紧,后退三里,便到原来的出发点了;但时间却不能退回到原来出发的时间,而是花费了双倍时间,时乎时乎不再来!"

当然,最令华罗庚痛心的是,1957年之后,中国的数学研究几乎处于停顿状态。当他得知严士健等人都已改行时,惋惜地说:"刚刚有了这么一点幼苗,一下子就连根拔掉了。"经过"大跃进"之后,华罗庚一手建立起来的数学所已成了"四不像"的"大杂烩",为了在这块天地里还能保留一点点数学气氛,华罗庚几经周折之后,在所里设了一个"练拳园地",即一块布告牌。

他带头号召研究人员把遇到的一些技巧性的数学问题提出来，贴在"练拳园地"里，让所里的青年人当作习题来做。华罗庚自己首先将他在从事多复变函数论研究中碰到的代数恒等式与矩阵元定积分张贴了出来，不少青年人积极响应，认真尝试解答这些问题。

3. 离开数学所

1957 年至 1960 年这段时间，华罗庚基本上一直处在"靠边站"的状况，心情自然十分苦恼。1961 年前后，数学所又成立了"所务委员会"，华罗庚做任何事情都必须经过数学所党小组与"所务委员会"的同意，华罗庚被彻底架空了，仅仅是一个名义上的所长而已。1964 年的一天，"学术委员会"要华罗庚在成果鉴定书上签名盖章，长期积压在他内心的火气一下子喷发而出，他说："你们叫我过目，叫我签名盖章干什么？我的私章就放在所里，你们不是用了好几年了吗？你们要盖自己盖好了。"

华罗庚实在讨厌这种虚假欺人、粉饰民主的做法。同时，更使他受伤害的一件事是：他一次次怀着火热之心交上入党申请书，又一次次被拒绝。他自己并不真正明白事情的原委，只是听说，一些党员认为他这个资产阶级知识分子根本不具备入党的资格。有人甚至说：华罗庚参与过"反党科学纲领"，有这么严重的政治问题,还能被吸收入党吗?

自尊心极强的华罗庚经过无数个不眠之夜的思考之后,突然作出一个决定:完全脱离数学所,到北京西郊燕山脚下的中国科技大学任职。华罗庚的这一决定,没跟任何人商量,连他的学生们也感到非常吃惊。他们太了解自己的老师了!多少年来,数学所是他的希望、他的命根子,他像关注自己的孩子一样,看着它诞生、成长、受挫。可在今天,他要离它而去。这不是一次普通的调动,而是一个极为痛苦的选择,没有万般无奈的原因,他是不会走这一步的。

华罗庚把辞职报告交到所里,所里又提交给了院党委。尽管在此之前,他早已被任命为科技大学副校长(1958年起在科大与数学所两边任职),但院领导并不同意他完全辞去数学所所长之职,经过一番研究之后,中科院最后同意把华罗庚的人事关系转到科大,但仍然挂着数学所所长的职务。临行前,华罗庚提出把他在数学所的研究生及数论、代数、多复变函数论组的几个学生调到科大去,尽管院里已经批准,但所里并不愿放人。于是,由数学所办公室主任郑之辅出面召集越民义、万哲先、陆启铿、王元、吴方开会,征求他们的意见。由于大家对这件事毫无思想准备,再加上反右派斗争使他们心有余悸,如果去科大,在未来的政治运动中很可能被戴上"追随华罗庚向党夺权"的大帽子,况且科大的工作条件显然不如数学所。但如果拒绝去科大，又从良心上感到不安，觉得对老师伤害太大。因此，大家十分为难。只有王元明确表示，愿意去科大工作。事后，华罗庚对学生们的态度也表示谅解，觉得他们确实有自己的难言之隐。调到科大之后，华罗庚明白了许多事情，对政治显然已心灰意冷，除了教书与研究之外，他很少介入学校里的其他事情。

回顾一下自己走过的历程，华罗庚感到欣慰的是：他在每一次政治风潮中，都是尽自己的全力，领会党中央、毛主席的精神，并不遗余力地去力行。他这样做不是为了得到什么回报，而是为了抚慰自己的良心。他从内心深处感激新中国的知遇之恩，感激中央领导对自己的关怀。

60年代中期，当党中央发出了理论联系实际、科学联系生产的号召之后，他仍然积极响应。他反复研究了毛主席的《实践论》，明确表示要尝试一下实践的味道。"我要从书本中走出来，走到实际中去，用我们多年来练就的理论之矢，去射一下实践之的。"

从此，华罗庚一有时间便到工厂和农村去，进行多种形式的访问与调查。深入基层之后，他深切感受到，广大的工人和农民确实太需要科学知识了，帮助他们摆脱贫穷是每一位科学家责无旁贷的义务与职责。每次访问归来，他都颇有感触地说：中央的号召确实很及时，知识分子真该走出象牙之塔来。他为了帮助北京郊区的农民设计科学的打麦场,跑了一趟又一趟,与农民打得火热。在这宽松、真诚的气氛中,他的心情也非常愉快。

八

在"难于上青天"的蜀道上,在荒凉陡峭的崇山峻岭中,在赤日炎炎的江南水乡,在白雪皑皑的华北平原,都留下了华罗庚及其弟子们的艰难步履。从此,中国国民经济的发展记录上,又增添了新的篇章——"统筹法"与"优选法"。

1. "统筹法"与"优选法"

为了使数学真正应用于工农业生产,华罗庚查阅了大量的外文资料,对国外应用数学发展的状况有了大概的了解。经过反复的推敲、论证与演算,最后决定把统筹法和优选法作为中国应用数学的发展起点。

所谓"统筹法"即国外的"关键路径法"(CPM)与"计划评审技术"(PERT)的统称。这是一种在生产管理中制定施工方案的方法,其操作程序极为简单,却能大大提高工作效率,缩短工作时间。国外在发展军事武器、推动工业生产等方面，普遍使用这一方法。

"优选法"在国外被称为 optimization method，是一种投资少、见效快、收益大、质量高的最优方案，在数学上，它分为三部分：

第一，没有明确数学表达式的优选问题，大多数生产技术中的问题属于这一类，可利用对分法、抛物体法、切块法等数学方法解决之。

第二，有明确数学表达式的优选问题，最简单的数学表达式为线性规则。在经济管理领域，国外又称线性优选法，此外还有非线性优选法、离散性优选法等。

第三，在管理和技术领域，许多问题往往和时间有关，即所谓的动态优选问题，也有一系列相应的数学方法。

在国际优选法专业会议上，专家们普遍认为，由于优选法的出现并与计算机结合，给设计、生产、制造、控制全过程带来了一场革命。

通过大量的资料研究，华罗庚深信国外的一些方法会对我国的国民生产有很大的促进作用。在科大的讲坛上，华罗庚讲出了自己连日来的设想："在应用科学方面，基础理论的研究是很重要的，它可以用来指导实践。但有了理论，如果束之高阁不去实行，或者认为推广与应用只是旁人的事情，甚至认为是低级的工作,那是很错误的,那样将发挥不了应用数学的作用。"

华罗庚环顾一下全神贯注的同学们,接着讲道:"同学们,现在我们的国家还很穷,管理工作和工艺流程都待改进,因此,我想亲自到工厂里试试能不能用优选法和统筹法促进生产的发展,促进工作效率的提高。具体地说,就是借用毛主席统筹兼顾的思想,把统计和运筹、计算机手段结合起来,从我国的实际出发,搞出一套适合我国情况的、行之有效的科学管理方法。"

"同学们,你们当中,有谁愿意跟我一起去吗?"华罗庚问道。

"愿意去!"

"我也愿意!"

华罗庚话音刚落,20多位同学纷纷举手表态。最后,华罗庚从他们之中选中了陈德泉、计雷两位同学,作为他的助手。

2. 出师不利

经过一番准备,华罗庚率领陈德泉、计雷来到了北京774厂(即北京电子管厂),开始了统筹法的试点工作。

华罗庚等人带着满腔热情而来,但一旦深入工厂,他们才发现事情并非那么简单,一系列困难摆在他们面前。首先,从统筹法的运行机制来看,它适用于单项工程,尤其是从头搞起的新项目,而他们在 774 厂所选的课题都不是单项工程,开展起来极不顺利。其次,华罗庚深感实践经验的贫乏,对工厂的运行体制、操作过程缺乏起码的了解。

后来,他曾回忆说:"头一次上路的时候,对于去搞试点,我还是大胆的、满怀信心的。一路上,老是想着毛主席的教导:战略上藐视敌人,战术上重视敌人。但到了现场,好大的规模,好复杂的系统,这也不懂,那也不了解,一下子又吓慌了,出现了'叶公好龙'的现象,胆怯起来了。"

这样,华罗庚等人在 774 厂一连待了 8 个月,结果收效甚微,不得不返回学校。

这时,本来就反对他的人,一下子有了更充分的理由。

"全凭他想当然,能有什么结果? 不仅误了自己,而且还误了学生。"诸如此类的议论不时地传到华罗庚的耳里。

"怎么办呢? 如果一直坚持下去,会不会犯错误呢?"华罗庚面对重重压力,不得不作认真的考虑。

"我要给毛主席写封信,听听他的意见,就不至于走错了。"华罗庚想出了这样一个主意,便提起笔,把自己的想法告诉毛主席。他在信中说,自 60 年代以来,随着计算机的出现,国外的应用数学已渗入各个领域。他已收集了几百份国外的资料,并进行了认真的计算,认为,根据中国目前的实际情况,优选法和统筹法可以使管理工作大为改观,生产效率大幅度提高。信中还写道,他读了毛主席的诗《七律·和郭沫若同志》后,深受教育。由于这首诗的头两句是"一从大地起风雷,便有精生白骨堆",华罗庚便以"白骨堆"为引子,赋《西江月》一首,一并寄给了毛主席。诗句如下:

森森白骨堆中,是俺生身所在。皮囊纵然百般改,积垢依旧深埋。　　妖兴易受蛊惑,风起障目尘埃。勤学毛著脱凡胎,才能入得门来。

信发出之后,华罗庚便处在焦急的等待之中。1964年3月的一天,他终于盼来了主席的亲笔复信,他用颤抖的双手,打开信封,主席那苍劲有力的大字便映入眼帘:

华罗庚先生:

诗和信已经收读。壮志凌云,可喜可贺。肃此敬颂教祺。

毛泽东

1964年3月18日

毛主席的信给了华罗庚极大的鼓励,多日来积郁在心头的彷徨与苦闷,顿时烟消云散了。这时,华罗庚收到了西南铁路建设总指挥韩光的邀请信,让他去参加成昆铁路的建设,并进行统筹法的试点工作。在此之前,华罗庚曾遇到铁道兵副司令员郭维诚。在交谈中,华罗庚谈起了统筹法,引起了郭维诚的浓厚兴趣。于是,华罗庚就在地板上用粉笔画图,向郭维诚讲解了统筹法的大意及其有可能取得的效益。郭维诚当场表示,要邀请华罗庚到成昆铁路的施工现场去普及统筹法。

3. 奔赴大西南

在"蜀道难,难于上青天"的地方,人们世世代代有一个共同的愿望:在万水千山之间修建一条通向外界的阳光大道。于是,中国政府作出了一个重大决定:修筑一条经川西平原,穿大、小凉山,跨大渡河与金沙江,直上滇中高地的成昆铁路。

1964 年秋季,华罗庚邀国家科委的庞伟华,科大数学系副主任艾提及他的秘书、59 级毕业生王柱等一起,来到了安顺的西南铁路建设指挥部。

"大专家从北京来了!"

"华罗庚要和我们一起修铁路了!"

"他要用新的方法,减轻劳动,提高效率呢!"

广大的铁路工人对华罗庚的到来,寄予了很大的期望。华罗庚等人把隧道工程与桥梁工程作为推行统筹法与优选法的试点工程,这些工程都属于新开工的单项工程,易于见效。眼下当务之急,是要向工人们讲述关于统筹法与优选法的基本知识,使他们了解基本的程序。他先把自己的《统筹方法平话》发给大家,然后利用作报告、当面示范等形式对工人进行引导,最后,让工人和工程技术人员提出问题,他再一一解答。

华罗庚对工人不摆专家架子,谦虚和蔼,推心置腹。有一次,他给大家交底说:"同志们,坦白地说,用统筹法能不能提高效率,我现在还没有把握。在北京电子管厂我们搞了8个月的试点,最后失败了。这次,我是抱着向工人同志们学习的想法来的。过去,我教书的时候总是夹着一本书,如果不夹书,我的肚子里也有一大本书。现在,搞应用数学,我还是刚刚开始学走路,如果大家一定让我讲的话,我的讲稿只有几页。"

华罗庚的话使工人们很感动,他们也直率地说:

"这里是第一线,施工任务很紧,讲多了也没有时间听。"

"在北京失败,兴许在这里却要成大功,我们一起干吧!"

于是,大家三三两两地组织起来,一边学习,一边试验。华罗庚把自己的学生与助手也组织起来,分成运输统筹组和施工统筹组,辗转于各个施工地点,和工人们一起日夜奋战。

成昆铁路建于崇山峻岭之间,这里地势陡峭,道路崎岖,人迹罕至,"一线天""鬼见愁""摘帽沟"等地,更令人毛骨悚然。华罗庚拖着不太灵便的腿,从一个地方到另一个地方,常常累得喘不过气来。

一天,他带领几个人从成都出发,乘吉普车去甘洛,途中要经过凉山。山路十分狭窄,汽车上下颠簸,车上的人也极为疲劳。突然,吉普车一个急刹车,大家探头朝车窗外一看,原来差一点连人带车坠入万丈深渊。司机的脸都吓白了,坐车的人也惊出了一身冷汗。

大家尚惊魂未定,时隔几天又遇到了一次危险。当时,汽车正在盘旋向前,突然,一个车轱辘掉下去了,在这危急时刻,有人喊道:"谁也别动!"然后,侧身爬到车外,屏声静气地把车里面的人慢慢拉出,生怕万一失衡,导致一场惨祸。脱险之后,再伸头一看:天哪!深山之下正是汹涌澎湃的大渡河。难怪人们说,能从成都到达甘洛的人都是胆大包天之辈。

华罗庚和他的助手们风餐露宿,漂泊不定。山上缺水,他们无法洗衣服,长了一身虱子,只好在睡觉的时候脱下来,使劲地抖一抖。由于到处宣讲"两法",华罗庚的嗓子哑了,喉咙疼了,这时,能喝上一大碗清澈的凉水,就觉得心满意足了。在山上,华罗庚很怕解大便,因为他的腿不好使,每次解手时,都要用双手吃力地扒着山上的石头,真是苦不堪言哪!

一个漆黑的夜晚,华罗庚和他的助手们还在山上赶路。走着走着,也不知道怎么回事,吉普车一下子翻了,车里的人全都摔晕了。这时,附近的农民发现了他们,一看一点动静也没有,以为他们全死了。过了一会儿，才觉察到人还活着，于是，赶紧找人把他们送往医院。在医院的积极治疗下，他们很快都恢复了健康。

看着华罗庚一行吃苦受累的样子，工人们感动地说：

"华罗庚这么有名的大科学家，不在城里享清福，跑到这里吃苦受罪，人家图个啥呢？"

"他的腿实在不该走这样的山路……"

"这才是人民的数学家！"

然而，在艰苦的奔波中，华罗庚更感受到科学的重要性。后来，在回忆起这段生活时，华罗庚说道："在实际工作中，我看到了错误的数字可能导致阶级弟兄的伤亡，给国家带来巨大的损失，往往一位阶级兄弟、革命战士不惜牺牲性命以求的东西，就可能是我们计算时所忽略的小数点后第二位。"

华罗庚还谈道："我的这些体会是在书斋里、教室里如何设想也设想不到的东西，但在一滴水投进大海的时候，它就会发现要求变了，不再局限于如何不使自己干涸的问题，而是服从沧海的要求了！"

经过日日夜夜的苦战，华罗庚终于拿出了从成都到甘洛的运输方案，指挥部经过反复的讨论与验证，认为切实可行，并授权华罗庚监督执行，一旦发现不合格，有权责令返工。这样，华罗庚的统筹法与优选法终于有了施展的机会，结果证明，上述方案确实可以加快施工进度,提高工程质量。华罗庚等人的工作荣获铁道部的嘉奖,他们怀着成功的喜悦,回到了北京。

4. 宏图大略

到了北京,华罗庚便急不可待地向他的学生们讲述他西南之行的真切感受。

"同学们,我们最近到祖国的大西南,看到数学在实际生活中是必不可少的一门科学,有时候,由于数字不准确,甚至造成许多可爱的年轻战士流血牺牲!"说到这里,华罗庚带着伤感的语调,给大家讲了这样一个真实的故事:在西南的铁路建设现场,雷管的不合格率很高。在一次爆破中,工人们在山洞里安装了22个雷管,其中一个雷管的引线潮了,班长把引线剪短,让大家走开,他点了火,爆破成功了,可班长和一名战士永远倒在那荒无人烟的山洞里了。

"同学们,如果我们用优选的方法,抽样检验,这灾难不就可以避免了吗? 在那两位青年战士的追悼会上,我很惭愧,也很痛苦,作为一个数学家,难道能对此类事情等闲视之吗?"

最后,华罗庚的讲话还是归结到他的"两法"上:"我们这次在基层发现,实际生活中有两类问题,一类是属于组织管理,一类是有关产品的质量。把生产组织好,尽量减少窝工现象,找出影响工期的原因,合理安排时间,统筹人力、物力,使产品生产得更多更快更好,在这方面统筹法大有可为。再就是优选法,它能以最少的实验次数,迅速找到生产的最佳方案,也就是尽快找出有关产品质量因素的最佳点,达到优质,减少浪费。事实证明,'双法'合理可行,有助于打开生产的新局面。"

然而,直到此时,有些人仍在恶言恶语地伤害他,有的表面上说好话,暗中却鼓动学生不要跟着他瞎折腾。

一天,科大的党委书记把陈德泉叫到自己的办公室,让他"谈谈跟华罗庚教授的学习经过"。

作为一个刚走出校门的大学生,陈德泉心灵纯洁,心直口快,他借此机会大为华罗庚鸣不平,说:"华教授冒着生命危险,走南闯北,推广应用数学,他到底有什么错呢?我真不明白有些人为什么嘀嘀咕咕,年轻人为啥不能跟他学?"

陈德泉的话感动了书记,他对陈德泉说:"你能独立思考,很好。我们应该向华罗庚教授学习。"

在此期间,华罗庚的小册子《统筹方法平话及补充》出版了。他便写了一封信,与书一起寄给了毛主席。毛主席很快回了信:

华罗庚同志:

　　来信及《平话》,早在外地收到。你现在奋发有为,不为个人而为人民服务,十分欢迎。听说你到西南视察并讲学,大有收获,极为庆幸。专此奉复,敬颂教安!

毛泽东

1965 年 7 月 21 日

　　毛主席的信更使华罗庚坚信,自己的路子走对了。刚回北京之时,华罗庚曾向薄一波、韩光与范长江汇报过自己的工作,并得到了他们的肯定与支持。不久,国家科委便决定在科大成立一个统筹法教研室,编制为 20 人。后来,华罗庚在北京友谊宾馆举办了一个统筹法学习班,陈德泉、计雷担任"联络员"。在讲习班里,华罗庚先作通俗演讲,再布置作业,让学员与联络员一样画出自己厂的统筹图。然后,互相交流、互相更正、互相观摩。经过培训,已有 100 多人掌握了统筹法与优选法的基本要领。

　　随着人员的增加,华罗庚决定兵分几路,奔赴全国各地,深入各行各业,推广"双法"。他们先派出几个人在西南铁路建设基地蹲点,继续前期的工作,其他人则奔赴天津、长春、南京、石家庄等地,做大面积的普及工作。当然,他们在各地的试验目标是经过认真考虑的,如在长春以仪器行业为主,在南京以长江大桥的施工计划为主,在石家庄以化肥厂为主,在天津以建筑行业为主,在北京则以地铁施工现场为主。

每到一地，他们都办起了训练班，从厂长、技术员到工人、农民纷纷参加。讲完了理论，便开始搞"双法"实验。一天，在河北省的某化学工业公司，刚刚结束了训练班，一位工人便从怀里掏出了自己画的统筹图，让华罗庚过目。

华罗庚问道："看来，你画了不少啊！"

"我一共画了20多张，今天只带来几张。"

"你什么时候画的？"

"晚上，我每天晚上都画到两三点钟。"

"噢——"华罗庚激动地说，"工人的劲头，很值得我们学习呀！"

第二天一大早，他便把睡眼惺忪的陈德泉、计雷叫来，以那位工人为例子，狠狠批评了他们，并要他们好好学学工人的干劲。

华罗庚时刻没有忘记几亿中国农民。"农民太需要科学了，我们应该用统筹法统一安排农活，使农业生产管理科学化。"华罗庚对学生们说。

于是，在酷暑盛夏，他们便来到了江南农村，这里闷热难耐，蚊虫肆虐，生活也极为艰苦，华罗庚和大家同吃、同住、同甘苦。他们围绕农村中严重存在的窝工现象，进行了反复的研究与论证，终于找出了较为科学的改正办法。

华罗庚后来曾谈起在江苏农村普及"双法"时的情景："我

们在栖霞公社几个大队蹲点，当时正在抗旱，他们准备了一张统筹图，这带有一点试验性质。我们就建议是不是再画一张防涝的统筹图，大家听了都有点莫名其妙！天旱成这样，怎么还叫画防涝统筹图？结果，图画好，到第二天就下雨了，到第三天江水就涨了，防旱变成了防涝，统筹图就用上了。"

此时的华罗庚为应用数学的广阔前景所鼓舞，他踌躇满志，决心在这个新的领域里大展宏图。他抄录了郑板桥的诗句来抒发自己的情怀：

咬定青山不放松，立根原在破岩中。

千磨万击还坚劲，任尔东西南北风。

正当华罗庚等人兴致勃勃地辗转各地，普及"双法"之时，一场席卷全国的大动乱已拉开序幕，依旧贫穷、落后的中国人又要经历一次前所未有的大劫难。

九

　　1966 年的一天，正在南方推行"双法"的华罗庚收到了中国科技大学拍来的加急电报，要他迅速回京，参加"文革"运动。接到命令之后，华罗庚匆匆登上归程。这时的他还体会不到"文革"二字的分量与代价。

1. 反动学术权威

　　华罗庚一踏上北京的土地，就感觉到气氛不对，大字报、小字报已纷纷上墙。数学所成立的"文化革命委员会筹备委员会"（简称"文革筹"）已响应党中央的口号，在全所深挖所谓的"反动学术权威"，华罗庚成了首当其冲的人物，批判他的大字报贴得到处都是。一天，数学所"文革筹"的九位委员租了一辆卡车，来到华罗庚家，先在门口贴了两张大字报，然后，把华罗庚叫出来，当面宣布："你必须到数学所来参加'文革'运动，接受革命群众对你的批判，门口的大字报不许撕掉！"

1966年8月20日，华罗庚被"揪"到数学所，参加对他的批判大会。除了数学所之外，计算机所和物理所也有许多人前来看热闹，密密麻麻的两三千人，把院子挤得水泄不通。"文革筹"的负责人把华罗庚的学生越民义、万哲先、陆启铿、王元与吴方召集在一起，要他们作一个联合发言，揭发华罗庚的罪状。在无可奈何的情况下，万哲先起草了发言稿，由王元上台讲。其内容无非是把大字报中的东西重复了一遍，如"崇拜资产阶级科学""缺乏无产阶级感情"等。批判会进行了一个多小时。会后，"文革筹"负责人让华罗庚去打扫卫生。那天，天气很热，华罗庚脱了上衣，穿着一件背心，拿着一把长扫帚，开始打扫走廊。过了一会儿，他又被叫到数学所会议室，参加了一个十多人参加的小会，接受大家的"批评与教育"。

　　数学所对华罗庚的批斗，也影响到科大。一天，华罗庚正在科大礼堂门口散步，几个学生便把他拉到礼堂去接受批判。华罗庚来科大时间不长，除了教学、科研、实践之外，他不管别的事，这些学生除了"反动学术权威"之外，也找不出别的理由。这时，科大保卫部门得知消息后，立即把华罗庚弄走了，此后，他在科大再未遭受过批判。

　　接着，举国上下开始成立"红卫兵"组织，并大兴"抄家"与"破四旧"之风。数学所的红卫兵组织成立之后的第一件事，便是去抄华罗庚的家。可是，他们晚来了一步，华罗庚的孩子华苏所在的学校——北京师范大学女子附属中学的红卫兵组织已捷足先登了。尽管如此,数学所的红卫兵们还是从华罗庚家里找到了罪证:两枚精致的棕红色石头小图章。这是从华罗庚的抽屉里翻到的。这两枚图章上都刻有文字,一枚上面是毛主席的话:"虚心使人进步,骄傲使人落后";另一枚上面是华罗庚自己的话:"聪明在于学习,天才在于积累"。一位红卫兵指着华罗庚,气愤地说:"这还了得,竟敢把你跟毛主席相提并论,你的野心也太大了!"其实,这两枚图章及上面的字,都不是出自华罗庚之手,而是一位杭州的朋友远道寄来的,华罗庚顺手放在了抽屉里。

红卫兵们还拿走了华罗庚亲自写的一个剧本。剧中描写的是 21 世纪的一位老人给他的孙子讲述发生在 20 世纪的事,这个剧本是华罗庚专门为著名电影演员张瑞芳创作的,红卫兵没能从剧本中找到什么反革命的证据。

华罗庚被揪斗的消息传到了他的老家金坛,金坛县有五千红卫兵来到北京,为华罗庚鸣冤叫屈。华罗庚担心事态扩大,他甚至跪下求那些红卫兵回金坛去。

华罗庚挨批斗的消息也传到了国外,国外新闻媒体报道了这位数学大师的处境。数学所就怀疑所里有"里通外国"者,并进行了一番大追查。

对于华罗庚的批判,他的学生陈德泉和计雷实在想不通。

一天,陈德泉找到了一位"文革"负责人,问道:"华罗庚到底有什么问题呢? 这些年来,我天天和他在一起,我觉得他是努力地在按照毛主席的指示办,为什么不让我们和他一起下去推广统筹法呢?"

　　"这个问题,我做不了主。"

　　陈德泉不满足于这种模棱两可的回答,他又找到了另外一位负责人,提出了同样的问题,对方悄悄对他说:"华罗庚什么问题也没有,他就是数学搞得太好了!"过了一会儿,那人又接着说,"他就是太厉害了,要求人太严格了!"

　　1967 年 11 月 30 日,在数学所 405 室,又一次隆重的批判会开始了,会议的名称是"揭露控诉走资派勾结华罗庚统治数学所罪行大会"。除数学所以外,北大、科大、北师大、计算机所等单位的人也参加了。会议开了整整一天,华罗庚的陪斗者是中国科学院原秘书长杜润生与郑之辅。华、杜、郑三人的"帽子"分别是"大学阀""老右派"与"走资派"。大会采取了问答的形式,即他们三人站在台上,由群众提问,他们回答,中间再插入一些批判发言。

　　会议开始后,有群众向华罗庚提问:"你是不是'大右派',你与'章罗联盟'(即章伯钧与罗隆基)有什么关系?"

　　"我早交代过了,我与'章罗联盟'有什么关系,你们可以调查嘛!"

华罗庚的态度,使红卫兵大怒,有人愤怒地念了一遍墙上贴的一条毛主席语录:"劣绅,今天认得我们!"

华罗庚回答说:"我早就认得你们了!"

华罗庚的不合作态度使批判者显然未达到目的,有人在华罗庚的汽车上贴上了大幅标语:"打倒华罗庚!"

散会之后,华罗庚的司机于成云,趁人不注意时,一把撕下标语,捏成了一个纸团掷掉,然后发动汽车,飞快地把车开走了。

2. 周总理批示

在那被扭曲的年代里,人们的良知并未泯灭。有不少人在暗中保护华罗庚。叶剑英、王震、胡耀邦等人多次约见华罗庚。毛泽东不仅多次给华罗庚写信,而且于1966年10月2日在天安门城楼上与华罗庚握了手,并说:"华罗庚同志,你来了,好呀!"据当日的《人民日报》报道:"毛主席检阅150万游行大军","在天安门城楼上的还有全国人民代表大会常务委员华罗庚"。

1969年,科大迁往安徽合肥,周总理很为华罗庚的安全担心。这时,他又得到一个消息:华罗庚在科大的办公室的门被撬开了,"小偷"一文未取,仅偷了华罗庚三四十万字的书稿。十分痛心的总理便作了"应给华罗庚以保护"的指示,这一批示是总理下达给当时国务院直属口党的核心小组负责人、北京市公安局军管会负责人和周总理派往科学院的"联络员"刘西尧同志的,其内容如下:

应给华罗庚以保护

（一九七〇年三月四日）

首先,应给华罗庚以保护,防止坏人害他。

次之,应追查他的手稿被盗线索,力求破案。

再次,科学院数学所封存他的文物,请西尧查清,有无被盗痕迹,并考虑在有保证的情况下,发还他。

第四,华的生活已不适合随科大去"五七"干校或迁外地,最好以人大常委身份留他住京,试验他所主张的数学统筹方法。

此事请你们三位办好后告我。

直至今天,周总理的这一批文,被作为文献,记载于《周恩来选集》下卷第455页上。也正是这一批文使华罗庚免遭更大的灾难。当时,以"联络员"身份出现的刘西尧,实际上是科学院的负责人,由于他执行了周总理的各项指示,科学院在"文革"中的损失,相对于其他文化、教育及科技单位来说要轻得多。在刘西尧的安排下,华罗庚的工作关系由科大转到了全国人民代表大会常务委员会。这样一来,他在组织及人事关系上,既脱离了科大,也脱离了科学院。这实际上意味着,谁想再批斗华罗庚,就必须征得人大常委会的同意。

对于周总理的保护,华罗庚感动万分,他不止一次地说:"我永远不能忘记周总理几十年来对我的关心、鼓励和支持,尤其值得怀念的是'文化大革命'中最艰难的 1970 年。当时,周总理身处逆境,又万务缠身,但他却不顾个人的安危和病体,仍然细微地、尽力地保护我,安排我的生活,关心我们把数学方法用于经济建设的工作。"

4 月 18 日,当国务院的两位同志奉命向华罗庚传达了周总理的批示之后,华罗庚满以为这一下风浪过去了,可以平平静静地推广"双法",安安稳稳地过日子了。可事实又一次证明了,他那敏锐、聪颖、成熟的数学家头脑在考虑政治问题时,常常会犯下幼稚病,摆在他面前的仍然是坎坷不平、荆棘丛生的人生之路。

3. 初衷不改

1970 年 4 月 18 日,华罗庚突然来到了计雷家,他激动地告诉计雷,今天国务院的两个人向他传达了周总理的批示,并对他说,总理有指示,统筹法还是要搞的。

华罗庚又拉着计雷，一起来到陈德泉的家中，他如释重负地对两个年轻人说："国务院对我们的工作有了公正的评价，还让我后天给国务院一些部委的负责人介绍统筹法。这一下也许我们又可以干起来了。"

"会不会又被说成是'以生产压政治'，'故意与党中央唱反调'呢?"两个年轻人还是有点担心。

"管不了那么多! 一有机会我们还是干点实事吧!"华罗庚决心已定。

4月19日，华罗庚、陈德泉与计雷在华罗庚的家里，准备了一整天报告，并把纸铺在地板上，用墨笔画出了一张张挂图来。

4月20日，国务院生产组召集7个工业部的负责人开会，华罗庚精神抖擞地走上讲台，用深入浅出的语言向部长们讲述了统筹法与优选法，并列举了一些用"双法"提高了效益的例子，部长们听后都很感兴趣。

几天之后，华罗庚收到了上海复旦大学的邀请信，信中邀请他去上海搞试点。

读完信，华罗庚喜忧参半。喜的是，人们并非都像某些人那样武断至极，把"双法"视作"异端邪说""不务正业"；忧的是，不许他外出搞试点的禁令还未取消，怎么办呢? 他决定请示科学院。华罗庚并非请示那些紧跟"四人帮"、以整人为目的的"领导"，而是把信交给刘西尧。刘西尧向周总理作了汇报，并得到了总理的批准。

华罗庚决定让计雷与陈德泉先去上海，联系试点，他随后就到。可惜，当时的上海到处搞群众运动，一看他们是要"突出业务"的，便无人敢接待。无奈之中，陈德泉打电话给华罗庚，让他不要来上海，并告诉华罗庚，苏步青先生已被关入"牛棚"，连个帮助他们的人也找不到。

华罗庚不顾学生的劝阻，于6月9日赶到了上海。这时，陈德泉与计雷仍未找到接收单位。他们告诉华罗庚，上海炼油厂正要从事"酚精炼扩建改建工程"，要换一个炼油塔，很想让他们去推行"双法"，并多次向上海的领导请示，甚至央求过，"上面"就是不批。事后，华罗庚才知道，在他到来之前，张春桥公开表示："宣传优选法，就是引导青年崇拜资产阶级知识分子！"当张春桥得知华罗庚要奉总理之命来上海时，就吩咐有关部门，要把华罗庚从上海赶走，赶不走就批。可当时华罗庚并没意识到问题的严重性，还觉得主要是个别人不理解"双法"的意义，才故意刁难，甚至还自我检讨说：我们在上海的宣传工作做得太不够了。

怎么办呢？学生们希望他拿个主意。

"谁也别求了！明天我们带上牙膏、牙刷，直奔工厂去！"华罗庚说道。

第二天，当师生三人突然来到上海炼油厂时，可把厂方的领导给吓坏了。

"华教授,你们不要下工厂了,也不要到处乱跑,免得发生意外。"

"我们是来搞试点,不下工厂怎么工作?"华罗庚显然是在装糊涂。

"华教授,只要你答应回旅馆,一切事情都好商量。"

"不行。我要求和更多的工人、工程技术人员接触,否则,今天晚上我就住在这里了!"华罗庚寸步不让。

"这是上边布置的,希望您能谅解。"

"我理解不了,不让我接触工人,今晚我就睡在厂里了!"

经过激烈的争论,工厂作了让步。他们临时给华罗庚及其学生找了一个办公室,允许他们白天来上班,但有一个条件:每次讲统筹法时,听众不得超过20人。

华罗庚接受了这样的条件,只好把工人分成小组分别介绍统筹法,让陈德泉与计雷到现场去与工人一起劳动,制订统筹方案。辛勤的劳动终于获得成果,原计划25天完成的工程由于运用了华罗庚、陈德泉与计雷的统筹法试工方案,结果仅6天就保质、保量、保安全地完成了任务,一天为国家多创造价值20万元。工人们振奋了!

"统筹法太好了,确实有效!"

"统筹法是专门为减轻我们的劳动而研究的,我们为啥不能大张旗鼓地学呢?"

在工人们的强烈要求下,工厂安排周六晚上让华罗庚作报告。可是,天不作美,这天下起了倾盆大雨。

华罗庚按时来到报告地点,他一下子惊呆了:一个只能容纳百人的小教室早已挤满了听众,而且窗台上、过道上也坐满了人,还有许多人打着雨伞一动不动地站在教室周围。此时此刻,华罗庚的眼角湿润了,刹那间,他的脑海里闪现出了剑桥、普林斯顿、哈佛、伊利诺伊大学的讲台,但相比之下,都没有今天的情景令他难以忘怀。

这天,华罗庚的报告格外精彩,暴风雨般的掌声阵阵传出。报告作完了,听众还不肯散去。这时,外面的雨更大了。忽然,几个工人走上讲台,把两鬓垂霜的华罗庚抬了起来,一直送到汽车里。

会后,一位技术人员悄悄把陈德泉拉到一边说:"刚才我真替你们捏了一把汗啊!开会以前有人布置说,今天的会到底是体现专家路线还是体现群众路线,要大家当场发表意见。这不明明是要批判你们嘛!想不到华罗庚教授今天讲得这么好,没事了,没事了!"

后来,华罗庚与陈德泉、计雷又在上海炼油厂做了其他几项优选法实验。结果"硅片消洗液"的配方问题、"605 降凝剂"的配方试验,都获得了成功。

一天，陈德泉拉着计雷到上海南京路买凉鞋，在大街上遇到了他的中学同学裘履正。

"你能不能带我去见华教授？我正在做个实验，想把仪器零件上的氧化膜去掉，但是无论怎样实验也去不掉，能不能请你们帮助解决一下？"

"可以。"陈德泉便带着他的同学见了华罗庚。华罗庚表示可用优选法试一下。他一共提出了八个实验方法，从中找出一个配方，仅需一分钟时间，就可把仪器零件上的氧化膜去干净。

这段日子，华罗庚的心情很愉快，与工人们也建立了深厚的感情，他在诗中写道：

> 我对生产本无知，幸得工农百万师。
>
> 吾爱吾师师爱我，协力同心报明时。

可是，正当他带领学生们为工厂排忧解难之时，"上面"的人也来"关心"他了。华罗庚和陈德泉、计雷被迫离开和平饭店，迁到警卫森严的延安饭店，他们与外界的联系被切断了。最后，还是刘西尧为他们解了围。刘西尧来上海后，考察了华罗庚工作过的地方，肯定了他们的成绩，并以有病为理由，让上海方面同意华罗庚回京治病。这样，华罗庚才得以脱身。

刚到北京，中国科学院化学所的研究人员便找上门来，对他说，他们正在研制一种新材料——液晶，要从100多种原材料中挑出3种，他们用排列组合的方法，做了很久，怎么也做不完，想请华罗庚帮忙。

华罗庚听后，笑着说："如果用排列组合的办法做下去，不但你们做不完，恐怕你们的儿子、孙子也做不完。"

他看了所有实验数据，与陈德泉、计雷一起，用优选法进行试验，结果只用了四个星期便找出了最优方案。

改革开放之后，华罗庚在伯明翰大学讲学时，举了这一例子。英国数学家当场提出，让华罗庚派两个学生帮助他们搞液晶，所有费用从优。

1972年5月7日，叶剑英约见华罗庚，叶帅鼓励华罗庚说："推广'双法'是一件大事。一个科学家，团结知识分子到工农中去，对生产起这样大的作用，我替人民谢谢你！"叶老还希望他在普及"双法"时注意一下军事工业中的问题。叶老特别叮咛他要注意身体，每天少工作一个小时。

此后，华罗庚成立了以他为首的普及"双法"小分队，成员除陈德泉、计雷外，还有李之杰、那吉生、裴定一、徐伟宣、徐新红等，这些人也都是他的学生。华罗庚分批分组地把小分队派往全国各地，深入一些主要部门推广"双法"，解决各类疑难问题。长城内外、大江南北都留下了他们的足迹。因推行"双法"而创造的一个个经济奇迹，也从四面八方传到北京：

在山东,交通运输部门采用优选法,一个月节油69.3万升;

在解放军某部,优选法推广半年,便节油2000多万升;

在全国17个省的粮油部门,用优选法节约了5000万斤粮食和500万斤油脂;

在沙市棉织印染厂,"双法"提高了产品质量,一等品从16%上升到43%;

在大庆,两个月间,工人们的上千项优选法试验都取得了成绩;

…………

大庆油田聘请华罗庚担任了科学技术顾问。当他接过用红绸子包着的聘书时,心情格外激动,兴奋地说:"这是我时刻向英雄的大庆人学习的学生证。"

那天晚上,华罗庚夜不能寐,便摊开纸,抒发情怀:

同是一粒豆,两种前途在。

阴湿覆盖下,养成豆芽菜。

娇嫩盘中珍,聊供朵颐快。

如或落大地,再润日光晒。

开花结豆荚,留传代复代。

春播一斛种,秋收千百袋。

4. 暗箭难防

在"文革"期间，华罗庚遇到了一件很少愿意提起的伤心事，即女儿华顺一家深遭江青迫害的辛酸经历。

华顺的丈夫王敬先，原在中央警卫局工作，"文革"前调往苏州任中共苏州地委副书记。王敬先曾和江青在一个支部待过，对江青的情况了如指掌。再加上王敬先曾说过"江青根本不懂马列，只会喊几句革命口号"的话，江青便十分嫉恨他。"文革"开始不久，江青伙同叶群对王敬先下了毒手。王敬先被迫害致死之后，华顺也一直身陷囹圄，与父母失去了联系。

后来，江青曾几次想接近华罗庚，均未达到目的。据胡伯寿与包谦六回忆说，1972 年前后，华罗庚得到的中央文艺晚会的入场券，有两次都是与江青挨座。第一次，华罗庚偷偷与人换了票，第二次是在江青进入会场的一刹那，利用灯光转暗的机会，他溜到一边去了。华罗庚心里明白，如果大庭广众之下跟江青坐在一起，不仅有辱自己的人格，而且很可能给江青留下什么置他于死地的借口。

一计不成，又生一计，江青等人也不善罢甘休。1973 年 4 月 6 日，中国科学院《科研工作简报》上发表了一篇文章，介绍了陈景润所取得的成绩，引起了中央领导的关注。而后，陈景润因有结核病,被安排住进了疗养院。

在陈景润住院前,迟群奉江青之密令,曾去中关村 88 号楼陈景润的住处拜访过陈景润。陈景润当时住在一间 6 平方米的锅炉房里(并未安装锅炉,但是按锅炉房设计的),两人谈话的内容外人不得而知,但这件事在科学院影响很大:迟群这样的大"左"派怎么会想起拜访一个书呆子呢? 不少人心存疑惑。

在陈景润住院期间,迟群更是关怀备至,殷切之情,溢于言表。

一天,陈景润偷偷对陈德泉说,迟群找他的目的是让他站出来揭发华教授盗窃了自己的成果。

陈德泉被吓蒙了,忙问道:"华老师到底有没有偷你的成果?"

"没有。但他非让我'揭发',我该怎么办?"

"那你就实事求是嘛!"

陈德泉立即把这一情况报告给华罗庚。华罗庚一听火冒三丈,他立刻明白了,迟群的后面有江青在撑着腰,江青还是想整他。可惜,迟群从陈景润身上并没得到什么"口供",这位看起来呆头呆脑的科学家,政治头脑却十分清醒,不管对方如何诱供,他绝不上套。他不止一次地对自己说:我怎么能加害华老师呢? 古人都知道,滴水之恩,当涌泉相报,我难道能出卖自己的良心吗?

江青一伙抓不住迫害华罗庚的直接证据，便指派中国科学院的一些"造反派"头目，千方百计阻挠华罗庚的工作。

有一次，华罗庚等人在广西、山西普及"双法"之后，应陕西省的邀请，来到了西部地区。这时，中国科学院派来监视他的人也到了西安，来者是一位年轻女性。

"你的小分队没有党的领导，要回北京去整顿。"她口气很大地说。

"我们的工作都是在所在省的省委领导下进行的，怎么说没有党的领导呢?"华罗庚毫不相让。

"你们不抓阶级斗争，只知道游山玩水，这错误还小吗?"

"随你怎么说都行，我们并不在乎!"华罗庚也毫不客气。

华罗庚等人无论到哪里开展工作，这位"革命干将"都紧跟着。两人常常见面就吵，针锋相对。

有一次，她又想教育华罗庚了，华罗庚问她："你爸爸今年多大了?"

"60岁。"

"我比他还大5岁呢!"说完，华罗庚便扬长而去。

1975年6月，华罗庚与小分队虽已收到四川省的邀请信，但被强行调回北京。回京后，华罗庚表示，他服从组织命令，但保留个人意见。中国科学院把小分队的成员组织起来学习，让他们批判华罗庚的资产阶级思想，并与华罗庚划清界限。这时，小分队不能出去了，华罗庚便以人大常委的身份去了四川省。当他看到"双法"工作已在"天府之国"产生了极好的效益时，心情极为激动。可是，当他回到北京后，小分队的人都不敢见他，但大家又觉得对不起华老师。当陈德泉出面，向华罗庚作解释时，他痛苦地表示，他早就预料到，有人会强迫他们与他这个反动学术权威划清界限的。

一天，中国科学院的一个小头目来到华罗庚办公室找他谈话。不料，此人提出了这样一个问题："有些方法，外国有人说它对，中国人就跟着说对，而你为什么能看出它的毛病呢？"

一听这话，华罗庚便顺手写下四句唐代卢纶的名诗：

月黑雁飞高，单于夜遁逃。

欲将轻骑逐，大雪满弓刀。

"这20个字有错没有？"华罗庚问道。

"没错，这是唐诗，我念过。"对方回答。

"是啊，这首诗传了这么多年，没有人说过它错，可是，塞外下大雪的时候，还会有大雁在飞吗？现在我不是看出毛病了吗？更何况复杂的数学问题，又怎能没有错呢？"

说完，华罗庚又写下了四句诗：

北方大雪时,群雁早南归。

月黑天高处,怎得见雁飞?

华罗庚的观点令对方称赞不已,后来,他的这首诗在科学界广为流传,被人们传为美谈。

5. 慷慨掷此身

1975 年 9 月,华罗庚应黑龙江省的邀请,前往普及"双法"。在此之前,吴筱元力劝华罗庚以身体、安全为重,不要到处跑,可华罗庚哪里听得进去呢?

这次他所率领的小分队,人数远赶不上以前了,但华罗庚仍以"聚则成形,散则成气"来鼓励大家。出发之前,中国科学院的有关人士又派出了两个监视者,插在小分队里。

火车载着他们越过松辽平原,进入了神秘的大兴安岭。火红的枫树林、银白色的桦树林、青翠的红松林,使华罗庚忘却了都市生活的繁扰。伐木工人那高昂的号子声更令他神情激荡,热血沸腾。他和工人们一起研究如何以统筹法和优选法来解决"采""运""用""育"的问题,连深山老林里的守林人也用心地跟他学"双法"。

连日的劳累与生活的艰苦,使华罗庚深感力不从心,刚回到哈尔滨他便病倒了。

一天晚上，队员们都去看电影了，华罗庚独自留在招待所里。他突然觉得极不舒服，躺在床上后，就再也起不来了。他无力叫喊，只是拼命地用脚踢打铁床沿。招待所里的一位服务员听到响声，便推开房门，只见华罗庚脸色苍白，嘴唇发紫，一头冷汗。服务员吓得哭了起来，立即找来了医生。"是心肌梗死。"医生说。"能不能送到医院？""不能动，一动就有危险，等缓过来再说。"这时，中国科学院的一位副秘书长也赶来了。病情有所缓解的华罗庚拉着副秘书长的手说："请您转告党中央，我——毛主席交给我的事，没有做好就病倒了。我对不起党，对不起毛主席。"他的话使很多人感动得流下了热泪。

事后，北京的心脏病专家被请到了哈尔滨，华罗庚的朋友黄宛及长子华俊东、儿媳柯小英、长孙华云，接到病危通知后，也连夜赶来了。他们把华罗庚送进了医院治疗。

在治疗期间，医生特别关照，要谢绝一切探视。当大庆的工人和劳动模范以及大连机车车辆厂的代表远道而来，要求探访时，医生们拦住了他们，他们站在医院的走廊上掩面啜泣，久久不肯离去。

在医护人员的精心照护下，华罗庚渐渐转危为安了。在病床上，他思绪翻涌，挥笔写下了《病中斗》：

我身若蒲柳,难经九秋风。

打击不算大,狼狈如转蓬。

几为仇者快,几为亲者痛。

幸赖群众力,始能顶妖凶。

华罗庚在医院住了40多天,虽然医生准许出院了,但身体已大不如从前。可他的脑子里所想的仍然是他那放不下的工作与为人民服务的崇高理想。出院之际,他写下了一首热烈深沉、激昂慷慨的诗:

呼伦贝尔骏马,

珠穆朗玛雄鹰,

驰骋草原志千里,

翱翔太空意凌云,

一心为人民。

壮士临阵决死,

哪管些许伤痕,

向千年老魔作战,

为百代新风斗争,

慷慨掷此身。

十

　　1976 年 10 月，"文革"落下帷幕，科学喜迎春天。年近古稀的华罗庚，展望未来，壮志满怀，他激动地写道："春风吹绿了大地，原野上万马奔驰，与其伏枥而空怀千里，何如奋勉而追骐骥。"

1. 春回大地

　　粉碎"四人帮"之后，华罗庚的工作热情极为高亢，他继续奔赴各地，推广"双法"。从胶东半岛到黄土高原，从茫茫北国到长江两岸，从东海潮汐到天山白雪，他的足迹已遍及全国 27 个省、市、自治区的成百个县、上千个工厂与矿山。在国家计委的号召下，"两法"被作为重点项目，广泛地应用于化工、电子、邮电、冶金、煤炭、石油、电力、轻工、机械、交通运输、粮油加工、建工建材、医药卫生、环境保护、农业等许多领域。以华罗庚为首的推行"双法"小分队也被评为全国先进集体。1978 年 3 月，全国科学大会召开前夕，华罗庚被任命为中国科学院副院长。1978年5月，在全国科学大会上，华罗庚等人受到了表彰。1978年11月，停止了18年的中国数学会又恢复了年会，作为理事长的华罗庚领导了这次在成都召开的有几百人出席的盛会。会上，他教诲年轻人要扎扎实实做学问，不要急功近利，并提出了"努力在我，评价在人"的治学思想。

这段日子尽管非常劳累，但华罗庚的心情无比舒畅，他心中对事业、对未来充满了希望。他在《喜迎数学的春天》这篇文章中写道："数学是一门研究数量关系和空间形式的科学，哪儿有数、有形，也就少不了要用数学。中国是有光辉科学史的国家，出过不少当时世界一流的数学家，如刘徽、杨辉、祖冲之等，只是到了明清以后我国数学才落后了。在旧中国，由于工业基础极为薄弱，谈不上研究为生产服务的应用数学。中华人民共和国成立后，随着工农业生产的发展，对应用数学也提出了相应的要求，不少数学家开始接触应用方面的问题，并作出了一定成绩。四个现代化的关键是科学技术现代化，而数学在科学技术现代化中有着重要地位和作用。为了发展我国数学，除了继续加强数学理论研究外，也要加强数学的应用与推广，既重视基础理论，也要重视联系实际，面向群众，使数学既有一个大提高，又有一个大普及，在提高整个中华民族的科学文化水平中，数学同样担负着重大使命。""科学的春天，当然也是数学蓬蓬勃勃、郁郁葱葱的春天,作为一个年岁较大的数学工作者来说,更不该老骥伏枥,空怀千里之志,而应当快马加鞭,为祖国为人民贡献出自己的全部余年。"

2. 西欧之行

1979年3月底,华罗庚应英国伯明翰大学列文斯通教授的邀请,去英国访问,随行的有柯小英、陈德泉、潘承烈、那吉生。这是华罗庚回国之后第一次去西方讲学,从而引起了国际数学界的极大关注,一些敏感人士认为,华罗庚再访欧洲,说明了中国政策的巨大变化。

美国伊利诺伊大学数学系主任哈贝斯坦教授在《华罗庚论文选集》的序言里写道:"1979年华罗庚在欧洲突然出现,对我们许多人来说,是一个罗曼蒂克事件,它使神话变成了现实。长期以来(似乎是命运注定的)华罗庚在我们的数学编年史上,仅是一个令人崇敬的名字,但他却意外地、端庄地出现在我们面前:庄严而又活泼,朝气勃勃且富于智慧,文静而又不停地探索新的课题。这时候,我们才意识到在长达30年的时间里他在国际舞台上消失曾经引起我们多么深切的怀念。从他的著作中挑选出这些论文,是最有说服力的论据,无须我们再作什么说明了。我希望它的出版能代替我们最诚挚的话语:'欢迎你回来.'我能为本书的出版略尽微薄之力,深感荣幸。从他那给人以深刻印象的全部著作中仅选出这样一小部分难免失当。而且,从长远看,我做的只不过是(在这里我引用华罗庚一句诗的大意)用木雕来报答对方赠予我的翠玉。"

在伯明翰大学,华罗庚作了多次纯粹数学与应用数学的学术报告,得到了广泛好评。听众除了数学系的师生以外,还有数学物理系、数理经济系、生产工程系、机械系、化学系的师生。接着,伦敦数学学会、剑桥大学、牛津大学、曼彻斯特大学等纷纷邀请他去作报告。在伦敦数学学会,他报告的题目是《在中华人民共和国普及数学方法的个人体会》,在数学家中引起了很大的反响。事后,伦敦数学学会秘书长辛麦斯特博士给华罗庚写信说:"我想以伦敦数学学会和我个人的名义,感谢您能亲自出席会议并作了极为精彩的演讲而给予我们很大荣誉。我个人认为,您的经验除中国外,对其他许多国家的情况也是完全适用的。即使在英国,好的数学家要解决实际问题仍然存在很大差距。虽然我们给很多工程技术人员讲授数学,但令人失望的是,他们中很少有人经常以数学头脑思考问题。我只能期望,数学界能把您的榜样铭记在心,而去作出实实在在的成绩来。"

华罗庚的讲学,在侨胞中引起轰动。一位曼彻斯特大学的华裔数学家冒着大雨,从200英里以外的地方赶来听华罗庚的第一场报告。他动情地说:"20多年前,我是被华教授从事数学的艰苦经历所鼓舞,才选择了数学作为我的终身职业的。20年后的今天,我能见到他,而且可以听他讲课,我所感到的满足和愉快,是可想而知的。"

有一天,报告结束之后,华罗庚随着人流往外走。一位一直站在门口等候的台湾学者突然迎上来,拉着华罗庚的手说:"华教授,我来到英国已经15年了,还从来没有听到过您这样精彩的报告,也从来没见过中国人作报告的时候,有这么热闹而隆重的场面!我是个医生,从台湾来,听说您身体不太好,请您不必客气,一定到我家吃顿饭,然后我给您检查一下身体。"这位医生的话温暖了华罗庚的心,他深深感受到了同胞之情。

在英国的一次集会上,光临者都是数学界的知名人士,不少人对他在十年动乱中的遭遇有所耳闻。在轻松的气氛中,一位风度翩翩的女学者突然向华罗庚提出了这样的问题:"华教授,您不为自己回国感到后悔吗?"

"不,我回到自己的祖国一点也不后悔。"华罗庚接着说,"青年时代我远涉重洋到海外寻求知识,是为了学好本领更好地为我的祖国服务,不是为了混饭吃。后来,我回国了,是想用自己获得的知识为我的祖国做些事情,而不是为了图舒服。"

华罗庚的回答引来了一片热烈的掌声,那位女士也耸耸肩,由衷地说:"It is great!(真伟大!)"

1979年7月22日至8月1日,在英国达勒姆举行了国际解析数论大会,与会者达 100 多人。华罗庚也应邀参加了这次盛会。他的学生潘承洞与王元也从国内赶来(陈景润因故未能参加)。王元作了题为《数论在近似分析中的应用》的报告,潘承洞作了《新中值公式及其应用》的报告。不少人以"突出的成就""很高的水平"等赞语评价这两个报告。一些人还向华罗庚祝贺,为他培养出这样的杰出人才而高兴。一位印度学者听说华罗庚也来了,他紧紧握着华罗庚的手,激动得热泪盈眶。

华罗庚赴英的消息迅速传遍了欧洲,他收到了许多邀请函。10 月下旬华罗庚离开伦敦,来到了荷兰。在荷兰的学术活动仍然极为成功。一位在荷兰留学的美国学者听了华罗庚的报告后,给他写信说:"您在埃因霍温的演讲,真正令人赞叹不已。您向大家表明,一个好的学者,即使是在最恶劣的逆境中,仍然能作出出色的成绩。您使我们这些生活在安逸与稳定环境中的人只能感到羞惭。"

1979 年 11 月,华罗庚登上了法兰西这块美丽的国土,在这个崇尚英才的国家里,华罗庚第一次戴上了荣誉博士的桂冠。11 月 9 日这天,身穿灰色中山装的华罗庚来到了南锡大学礼堂,参加学位授予仪式。

在一片热烈的气氛中,仪式开始了。大会主席用法语向与会的 100 多位博士介绍了华罗庚的学术成就,并宣读授予他学位的决定。突然,乐队奏起了庄严的中华人民共和国国歌,大会主席在国歌声中,把红白相间的绶带披在了华罗庚的身上,随后给他颁发了证书、勋章和纪念章。几天以后,法国科学院在巴黎召开了院士大会,隆重欢迎华罗庚的来访。

历时 9 个月的西欧之行,使华罗庚感受颇多,他不止一次地对身边的人说:"如今国际上涌现出一批很有成就的新人,可我国由于'四人帮'的干扰,在教学人才方面也呈现出青黄不接的现象,急需多做努力,加以培养。当然,我们在某些领域还是有成就的,应该树立赶上世界先进水平的信心。"

3. 如愿以偿

正当华罗庚访问伯明翰时,从遥远的祖国北京传来了一个令他激动不已的消息——1979 年 6 月 13 日,他被批准成为中国共产党党员。

为了这一天的到来,他做了很大的努力,他曾于 1963 年、1964 年、1967 年、1979 年多次递交了入党申请书,他深感自己的命运应该与中国共产党结合在一起。在 1979 年 3 月 25 日即将出国讲学前的一份申请书中,华罗庚写道:"虽然现在蒲柳先衰,心颤,眼花,手抖,头发白,但决心下定,活一天就为党工作一天,活一小时就为党工作一小时,对党、对人民、对祖国起些微薄的作用。"

当这位 69 岁的老人，在异国他乡的土地上收到了渴望已久的入党通知书时，他又一次激动了，他不知道用何种言语来表达自己此时此刻的心境。

回国之后，在 1980 年的元旦，华罗庚遇到邓颖超，她亲切地称呼他为"老同志，新党员"。华罗庚极为感慨，觉得这六个字正是他一生的最好总结，于是便写了《破阵子·奉答邓大姐》一词，并附一首《党员本色》，来抒发自己的激情。

破阵子·奉答邓大姐

五十年来心愿，三万里外佳音。沧海不捐一滴水，洪炉陶冶砂成金，四化作尖兵。　　老同志，深愧怍，新党员，幸勉称。横刀哪顾头颅白，跃马紧傍青壮人，不负党员名。

党员本色

实干，苦干，拼命干，党员本色。空话，大话，逢迎话，科学罪人。实践明真理，历史证忠贞。聚沙成塔塔不固，长城哪能一夕成，所赖在坚韧。

华罗庚还为这两首词写了这样几句题注："申年元旦邓颖超同志以'老同志，新党员'相勖勉，顿觉先总理音容宛在，典范犹存。行学先总理，从严从实，戒夸戒浮，为党为国为人民而鞠躬尽瘁。"

1982 年 2 月 27 日，邓颖超即写信给《支部生活》杂志，推荐发表华罗庚的词。她写道："他的诗，使人读了很受教育，很受鼓舞。科学家的态度，雄心壮志的誓言，跃然于诗句中。我非常赞成你们在《支部生活》中刊登。"

在向党组织倾谈自己入党后的打算时，华罗庚诚恳地说："当然，人贵有自知之明，我这个人的'爱国'二字还算可以做到，但距离共产党员的标准还相差极远。好在初学写字的按样描红，有不少革命前辈的英雄事迹在，我一步一个脚印地走去，有信心是会走上轨道的。我也冷静地思考过：我受党的教育早，而入党迟；我偏得于毛主席、周总理的教导多，而进步慢。这反映了我内在的缺点，我非用加倍的努力赶上去不可。有利的条件在于科学的社会主义大道上讲的是实事求是，不说空话大话，老老实实地干，为提高人民的生活水平和全民族的科学文化水平而干，为社会主义四个现代化而干，我要把余年奉献给祖国，奉献给人民，奉献给党，奉献给壮丽的共产主义事业！"

4. 故乡情深

1980 年暮春时节，华罗庚及其学生们来南京了解统筹法与优选法推广的情况。他决定利用这次机会再回一趟令他魂牵梦萦的故乡。

5月20日，华罗庚出现在金坛的街头。

"华罗庚回来了！"消息不胫而走，传到了父老乡亲的耳中。

"华教授，老校友，我们欢迎您！"一条大幅标语横挂在金坛县中学的校门口。师生们举行了隆重而热烈的欢迎仪式。

华罗庚的前辈、师长、旧友都来了，他们的手紧紧地握着，有说不尽的千言万语。

"师母好，陈老师好！"当年迈的陈淑老太太被人搀着进来时，华罗庚连忙迎上去，用金坛话亲切地问候。

"好，好，你也好吧！"陈师母打量着这位年已古稀的学生，激动得不知说什么好。她用颤巍巍的双手把新版的《神曲》送给了华罗庚，以表达她对华罗庚的感谢与对已故丈夫的深切怀念："如果维克先生冥中有知，见你回来了，他也会含笑九泉的！"

"谢谢，谢谢！"华罗庚双手接过《神曲》，王维克先生的音容笑貌又在他脑海里闪现。尽管王先生早在1952年就匆匆走完了自己的人生之路，但华罗庚却总是想起他、感念他。

在金坛县初级中学建校58周年的庆祝大会上，蔡志成校长亲自给华罗庚戴上了"金坛县中学"的校徽，并热烈欢迎他讲话。

华罗庚激动地说："今天我非常高兴地回到母校。刚才蔡校长说,今天是我们母校建立的58周年。我是这个学校的第一班学生。""国外有人问我是什么学历,我总是跟人家说,我的最高学历就是初中,金坛县初中毕业。一直到去年才发生个变化,法国给我荣誉博士学位了,以往都没有。"

华罗庚还讲了自己所经历过的一些事,鼓励家乡的孩子们要刻苦读书,多掌握知识,将来为中国的现代化事业贡献自己的青春。

这次金坛之行,抚慰了他那颗浓浓的思乡之心。多少年来,他走遍了天涯,但无论走到哪里,对故乡、对母校的深情始终未变。在北京居住时,他最高兴的事情便是金坛来人。这时,他总会高兴地说:"金坛人终于来了,我们可以说金坛话了!"有时,说到兴头上还要问问旁边的人:"我们金坛话好不好听啊?"尽管常年旅居外地,但他还是能说出地道的金坛话来。"亲,亲不过故乡人;香,香不过故乡茶。"华罗庚的这句话正是他那浓烈乡情的写照。

1982年8月1日,金坛县初级中学的一些校友在北京友谊宾馆聚会庆祝金坛县初级中学创办60周年。这一天,华罗庚虽然大病初愈,但还是准时赶来。会上,他说道:"今年是我们母校诞生60周年,她和人的60寿辰不同。人的寿命是有限的,人说万岁是不科学的,人老了会衰退。我今年72岁了,以后还能活多少年?不知道。而母校是会永远延续下去的,不说万岁,千岁是有可能的。我相信我们的母校一定会进步,一定会永葆青春,后来居上,一代超过一代!"

十一

　　从遥远的欧洲之邦,从浩瀚的太平洋的彼岸,从久经沧桑的香港,从庄严肃穆的人民大会堂,荣誉接踵而至,赞语纷至沓来。华罗庚没有陶醉,更没有满足。他拖着病弱之躯,不断前行,一程又一程⋯⋯

1. 誉满天下

　　继 1979 年被法国南锡大学授予荣誉博士学位后,华罗庚相继得到了一系列荣誉:

　　1981 年,中国科学技术协会任命华罗庚为副主席;

　　1982 年,香港中文大学授予华罗庚荣誉理学博士学位,美国国家科学院授予他外籍院士称号;

　　1983 年,在意大利召开的第三世界科学院成立大会上,华罗庚当选为院士;

　　1984 年,美国伊利诺伊大学授予他荣誉理学博士学位,同年春天,在人民大会堂里,华罗庚当选为全国政协副主席。

华罗庚为何能如此辉煌?为何能得到如此多的崇敬与赞誉?1982 年,香港中文大学在授予华罗庚荣誉理学博士学位典礼上的赞词,也许最能说明问题:

数学一向被尊为科学中的皇后,而数论,则更被尊为数学中的皇后,其地位之崇高,不言而喻,因此,有人认为以严格和简洁著称的数论只宜屹立于高不可攀的学问峰巅,供人叹赏,而不能携入尘世,加以应用。但我国的华罗庚教授,就正是能攀上数论的峰巅,又能将这一门学问应用于实际问题的罕有的数学家。四年前华罗庚教授与王元教授共同发表的专著《数论在近似分析中的应用》,可说是这崭新领域中罕见的杰作。翌年他在英国达勒姆的国际数论会议中介绍将数论中的斐波那契数列应用于数值积分的方法,令与会学者深感钦佩,他为学有如天马行空,不拘一格,同时却又脚踏实地,善于致用,即此可见一斑。

华教授虽以数论知名于世,但事实上用博大精深四字来形容他的学问是再恰当不过的。华教授于 35 年前发表第一本专著《堆垒素数论》,即已引起学术界的注意,其后他在数论、典型群、调和函数、多复变函数、偏微分方程组、数值积分等各领域陆续发表大量论文和专著,都是见解精辟、行文明畅的经典之作。他之所以能够得到国际数学界的尊崇,历任清华大学、西南联合大学、北京大学、美国伊利诺伊大学、英国伯明翰大学数学教授和中国科技大学副校长,现在又担任中国科学院数学研究所所长、应用数学研究所所长和中国数学会会长,并获选为美国国家科学院外籍院士,实在绝非侥幸所致。华教授一生勤奋,虽屡经动乱,研究工作从未中断,最近他以古稀之年,尚在英国皇家学会会刊发表论文,从四维空间的单位球推论简化狭义相对论前提的可能性。

华教授不但治学精严,著作等身,而且诲人不倦,热心促进数学教育,推广数学方法之实际应用。近20年来他致力于"运筹学""统筹方法"和其他数学方法的普及,足迹遍及全国城乡。所曾访问、接触的学校、社队、厂矿企业等无穷千百,所造就的人才,所解决的大小问题,所为国家节省的资源、创造的财富就更无从估计了。中国是一个古老而伟大的国家,但其丰富的自然资源有待规划开发,优秀的人才急需统筹运用。华教授多年来在这些工作上所付出的移山心力肯定是会对中国的现代化留下不可磨灭的贡献的。

2. 起程赴美

1980 年 8 月 8 日至 17 日,华罗庚去香港参加了第四届国际数学教育会议。除参加会议之外,他还与来自美国、英国、日本、泰国、新加坡、马来西亚、菲律宾等地的学者切磋交流。他那洒脱的举止、敏捷的思路、妙趣横生的言谈给人们留下了极为深刻的印象。会议上,华罗庚作了《偏微分方程几何理论》的学术报告,吸引了许多听众。

会议刚闭幕,香港数理研究会和香港大学就把华罗庚邀请去讲学。华罗庚以《数学漫谈》为题,谈了他的研究心得以及推行"双法"的经历。他的演讲生动活泼,深入浅出,不时赢来一阵阵笑声与掌声。

在香港的短暂访问之后,华罗庚便起程赴美。故地重游,格外亲切。在半年左右的时间里,华罗庚访问了 26 所大学、3 家公司,作了 38 次演讲。由于健康关系,他只好谢绝了另外 22 所大学的诚恳邀请。

访美期间,许多几十年未见的老朋友都相聚了,他们促膝相谈,缅怀过去,畅谈未来,感慨万千。在不少地方,都是老夫妻俩亲自开车把他送了一程又一程,直到交给下一位朋友为止。在华罗庚的这些朋友中,有不少已成为著名的数学家了,如李普曼·伯斯、纳森·雅各布逊、托布·都布、赛尔伯格·柯拉、山德斯·麦克雷思、托斯基、卡普兰斯基、斯宾塞等。

当华罗庚与唐培经再度相逢时，这一对老朋友高兴得像孩子一样。他们谈及了几十年来各自的工作、生活及家人的状况，也谈起了把他们紧紧连在一起的数学。华罗庚深有感触地对唐培经说："我感到学术交流是十分重要的，交流得越广泛，发展得越灿烂。一切闭关自守的思想不仅阻碍世界学术的发展，而且也使自己缺少了汲取营养、取长补缺的重要渠道。"

在美国这些日子，华罗庚走到哪里，人们都会来找他签名，其中有大学生、研究生，也有教授、学者。他在明尼苏达大学作完报告后，有人拿来中文版的《数论导引》请他签名，而后告诉他，这本书会留在明尼苏达大学图书馆作永久性的留念。一天，一位纽约哥伦比亚大学的应用数学教授专程赶到普林斯顿拜访华罗庚，他们就优选法理论交换了各自的看法。华罗庚拿出自己写的《优选法》一书的中文稿给对方过目，这位教授赞不绝口，极力要求把这本书译成英文在美国出版。华罗庚答应了他的要求。后来，两人成了学术上的好友。

许多国外数学家主动拿出自己的书及文章送给华罗庚，并且写下了许多感人的留言。如麻省理工学院的欧文·西格尔教授在书的扉页上写道："你的老朋友和景慕者欧文·西格尔。"华盛顿大学的柯兰伊教授在书上题字，称华罗庚为"先驱者"。

在美国,《科学》杂志社的记者 G. B. 柯拉塔到华盛顿的一家旅馆里访问了华罗庚。后来,记者写了一篇长篇报道,题为《华罗庚形成中国的数学》。他在报道中说:"华罗庚是一个奇才,以他的研究以及致力于数学大众化而著名。数学,如同音乐一样,以奇才辈出而著称,这些人即便没有受过正规的教育也才华横溢。虽然华罗庚谦逊地避免使用奇才这个词,但它却恰当地描述了这位杰出的中国数学家。华罗庚一直没有得到任何学位(直到去年才由法国南锡大学授予荣誉博士学位),然而,他却成了数学界的大人物。他在有声誉的刊物上发表了 150 篇论文,写了 9 本书。哥伦比亚大学的数学家李普曼·波尔斯说:'他绝对是一流的数学家,他有极高的天赋。'华罗庚还由于致力于数学大众化而著名……"

1981 年 2 月 11 日,华罗庚满载友谊与收获,与大洋彼岸的朋友依依告别,踏上了回国的旅程。

3. 誓建"通天塔"

1981 年 5 月 20 日,刚刚开完中国科学院第四次学部委员大会的代表们,又来到怀仁堂,参加了中共中央书记处座谈会。会上,胡耀邦、万里、方毅、谷牧等领导人对科学家们提出了殷切的希望。胡耀邦要求大家以主人翁的姿态,深入人民群众之中,使他们认识到科学技术的重要性,使科学技术真正变成生产力。

1982年3月,胡耀邦同志来到中科院,参加了中科院工作会议,并在会上发表讲话。当时,华罗庚因参加一次重要的学习未能到会。他从报纸上看了胡耀邦的讲话,心情很不平静。他认为讲话很透彻,反映了问题的症结。于是便给胡耀邦同志写了一封长信,信中说道:他很同意"到生产实际中找课题"的做法,尽管这做起来很难,还要担风险,但对国民经济的发展意义重大。很快,华罗庚收到了胡耀邦的回信,内容如下:

罗庚同志:

你3月22日给我的信,几天前我就看过了,因为忙于应付其他的事情,没有及时回信,非常抱歉。

你信上谈到的许多看法是很对的,我已经把你的信转给了方毅、李昌、卢嘉锡同志,请他们重视你的这些见解。

至于你谈到你今后工作的过重打算,我倒有点不放心。几十年来,你给予人们认识自然界的东西,毕竟超过了自然界赋予你的东西。如果自然界能宽限你更多的日子,我希望你能把你一生为科学而奋斗的动人经历,以回忆录的形式写下来,留给年轻人。你那些被劫走失散的手稿中的一些最重要的观点和创建,能不能夹在其中叙述呢?完成了它,我认为就是你在科学上的超额贡献了。

科学的门路非常广阔,但研究功夫必须非常坚实。我们这些门外汉并不反对有些同志继续作纯理论性的研究,去探索还没有为人类认识的新领域、新原理。但我们希望更多的同志投身到新技术、新工艺攻关的行列中去,从而把我国的四个现代化推向前进。

我没有看过《圣经》。前些天偶然看到一本小册子上引用了它上面的一个故事:古代巴比伦人决心建造一座通天塔。这件事触怒了上帝。上帝使这些梦想上天的人内部不和,在如何建造通天塔的问题上争吵不休。结果,使这件事成了泡影。

现在,中国人接过了巴比伦人没有实现的理想。那个愚弄巴比伦人的上帝又不存在了。中国的科学工作者们能不能齐心协力团结一致地为这个工程而英勇献身呢?如果能,我以为,它的成功,是可以计日而就的。

写长了,有机会再面谈。

祝你近安!

胡耀邦

1982 年 4 月 1 日

读完胡耀邦的信,华罗庚精神倍增,他自言自语地说:党和国家领导人对科学家寄予希望,号召我们建设中国的"通天塔"，我一定要不负厚望，在自己的有生之年，为祖国的富强与昌盛多增一块砖，多添一片瓦。事后不久，一副重担又落在了他的肩上。

煤炭部部长高扬文视察两淮煤矿以后，认为两淮煤矿资源丰富，对华东区经济的发展有重大意义，于是便写信给华罗庚，希望他能利用优选法与统筹法制订出最佳的开发方案。华罗庚看信之后，欣然答应。

1982年3月的一天，全国科学技术协会邀请了煤炭、铁路、水利、电力、通信和科学院等各方面的专家在北京科学会堂开会。高扬文、李鹏及安徽省的负责人也都到了会。

会上经过反复讨论，有人提出可在六个月内拿出方案。

"不行，六个月太长了！"高扬文部长说。

"这样吧，三个月之内我们拿出一个尽可能优化的方案，7月1日交卷，请领导拍板！"最后，还是华罗庚表了态。

会议结束后，华罗庚带领20多位专家，两次来到两淮煤矿视察。这位年迈的老人冒着近40摄氏度的高温，头戴柳条帽，身穿矿工服，亲自到矿井里与工人们一起研究统筹方案。

经过紧张的调查、论证与试验，华罗庚等人终于拿出了加快两淮煤炭开发及配套工作的论证报告和统筹图。

7月初，煤炭部在北京召开了论证报告验收会。会上，部长们与专家们进行了认真讨论，一致认为该方案数据可靠，材料扎实，切实可行。

本来，华罗庚的任务已经完成，他可以休息一段时间了。可他一想到煤矿上的事，就待不住了。他决定要三下淮南，亲自去办"坑口学习班"，让工作人员了解科学的知识与工作方法。他的想法受到了很多人的阻拦。

"你可不能这样拼命了，好好调整一下吧，现在天这么热，到那里去怎么受得了？"满头银发的姐姐为他担心。

"您年纪大了，又有病，这次就别去了吧！"身边的人也劝他说。

可华罗庚却说："谢谢你们的关心。这样做，是人民和四化建设的需要，在上面办学习班，我们当然方便。但是参加的人都是生产骨干，他们如果长期离开生产岗位，生产就要受损失，还是到下面办好。我今年 72 岁了，我认为老骥不仅要'志在千里'，更要'干在千里'。人离不开自然规律，总是要老的，要退休、离休的，但我作为一个共产党员，为人民工作的心情是永远不应衰谢的。我要用三下两淮的实际行动，向党表心意，迎接党的十二大！"

就这样，华罗庚带着满身的劳累与疲倦，又一拐一瘸地上路了。

4. 病魔无情

路途的颠簸与工作的繁重,使华罗庚的身体状况越来越差。可他还是忙于他的"学习班",不停地向领导干部、技术人员及普通工人传授科学管理的方法。有一天,他终于病倒了,面色苍白,神志不清,被连夜从淮南煤矿送进了北京医院。

医护人员进行紧急的诊断,并报告出检查结果:又是一次心肌梗死!

病房的门口挂上了谢绝探视的牌子。

华罗庚静静地躺在那里,鼻孔里插着氧气管,那颗劳累的心脏在吃力地不规则地搏动着,他确实需要好好地休息一下了。

过了一段日子,华罗庚的病情渐渐稳定了,但身体仍极为虚弱。这时,他已经有点躺不住了。

一天,主治医生悄悄地走过来,委婉地问道:"你最近是不是太累了?从报纸上看到你们到两淮煤矿工作得很有成绩,是否太辛苦了?"

"不!两淮工作不忙。我们在一起工作的总共 60 多人,加上两淮煤矿的工程技术人员共有 100 多人,他们比我忙多了,日夜不停地工作。大家知道我身体不好,非常照顾我,尽量让我多休息少工作,小事不烦我。大家虽然来自五个部、七个学会,但是,团结得很好,这不是病源。"华罗庚满以为说了这一番话,医生会给他开"绿灯"的,可聪明的医生只是微笑着走开了。

第二天,医生又来了,和蔼地对华罗庚说:"我知道你是个脑子停不下来的人,下'命令'叫你不想问题,恐怕是不可能的。你就专心致志地想你认为重要的问题吧!虽然我不懂,但是我知道你是在思索一个对人民有利的问题。可是,你要知道,你是个重病人。我们正在用监护装置随时观察你病情的变化。希望你能服从医嘱,即使病情好转一些,你门上'谢绝探视'的牌子也不能摘掉,一直等到你安静地找到思路为止。"

确实,躺在病床上的华罗庚,脑子一直在不停地考虑着一个又一个问题,总觉得自己还有许多十分重要的事情要做,真不该这个时候病倒。11 月 22 日深夜,他俯卧在病床上,拿起纸和笔,为《数学方法与国民经济》写下了这样的俚序:

> 尽管心力竭尽,哪顾水平高低。
>
> 人民利益为前提,个人成败羞计。
>
> 学龄已过六十,何必重辟新蹊。
>
> 贾藏、乘桴、翼天齐,奢望岂我所宜。
>
> 沙场暴骨得所,马革裹尸难期。
>
> 滴水入洋浩无际,六合满布兄弟。
>
> 祖国中兴宏伟,死生甘愿同依。

明知力绌才不济,扶轮推毂不已。

这次有病,华罗庚虽再度脱险,但常有不适之感,抵抗力远不如从前。可他仍不把身体放在心上,总想在他的有生之年多发点光,多散点热。在一首《述怀》诗中,华罗庚写道:

即使能活一百年,
36524 日而已。
而今已过四分之三,
怎能胡乱轻抛,
何况还有老病无能为计。
若细算,有效工作日,
在 2000 天以内矣。
搬弄是非者是催命鬼,
谈空话者非真知己,
少说闲话,少生闲气,
争地位,患得失,
更无道理。
学术权威似浮云,
百万富翁若敝屣,
为人民服务,

鞠躬尽瘁而已。

5. 三访美国

1983年10月,华罗庚应美国加州理工学院的邀请,以杰出访问学者的身份再度访美,他于1984年7月9日回国,历时约九个月,同行者有华俊东、华光、柯小英、陈德泉、裴定一等。这次访问以加州理工学院为主,偶尔也出去作些短期访问。

华罗庚三次访美,时间跨度达38年,当被问起对美国的印象时,他笑着说:"我第一次印象最深的是'热狗',第二次是'汉堡包',这一次是'比萨'。快餐的发展或许可以说是美国社会进步的一个例证吧。"

华罗庚认为美国的青年人思想活跃,喜欢思考,勇于探索,是很有希望的一代。有一次,华罗庚正在看电视转播伊利诺伊州与加利福尼亚州的足球赛,突然电视屏幕上出现了"加州理工学院对麻省理工学院"的字幕,观众一下子被搞糊涂了,以为是电视转播出了什么差错。后来才知道,这是加州理工学院的一个学生开的玩笑,他用自己搞的一个发射装置,把电视台发射的信号给调换了,于是,才出现了这样的事。对此,华罗庚很有感慨地说:玩笑开得是过分了点,但说明这位青年很有创新精神与钻研能力,否则是做不到这一点的。

华罗庚还对身边的人说:我们中国就应该学学美国人重实际、讲效率的特点。我一到美国,对方并不客套,也没什么应酬活动,但一切安排得很妥当。不像我们中国人动不动就前呼后拥,白白浪费了人力、物力与财力。

华罗庚这次访美在应用数学方面取得了很大的收获。美国的贝克脱(Bechtel)公司曾有开发我国的准噶尔煤田的意向。高扬文部长让华罗庚在旧金山做有关的评审工作。华罗庚积极筹划这件事,并提出了许多有益的建议,最后,还特意把陈德泉留在旧金山继续工作。这一合作项目上马之后,高扬文部长与贝克脱公司特别聘请华罗庚担任"中美国际工程公司"总顾问。华罗庚还于1984年去深圳参加了该公司的第一届理事会议。

在美国,华罗庚还访问了CDC公司,并以中国优选法、统筹法与经济数学研究会理事长的身份与美国洛克国际畜牧研究中心负责人内塔·劳姆签署了互相合作的意向书。

华罗庚在美国的另外一项重要活动是参加了在华盛顿举行的一年一度的美国科学院院士大会。在大会上,来自各国的科学家们欢聚一堂,切磋问题,交流经验。

1984年4月30日,各国院士们聚集在一个豪华的大厅里,举行接收新院士典礼。美、英、法、丹麦等国的科学家们身穿礼服,静静地听着美国科学院院长普雷斯教授致赞词,他在赞词中对一年前当选的外籍院士华罗庚大加赞赏。他详细地介绍了华罗庚在数学方面的成就,最后说道:"他是一个自学出身的人,但是,他教了千百万人民!"

会场上响起了热烈的掌声。在主席台上,当美国科学院外事秘书马伦先生要华罗庚在院士册上签名时,华罗庚突然问道:"请问,我想用中文签名,可以吗?"

"可以,可以!"

华罗庚与会并要求以中文签名的消息传到国内之后,他收到了许多素不相识者写来的信,尽管语言不同、风格各异,但都表达了一个主题:您为中国人争了气。国务委员方毅代表党和政府从首都北京送来了热切的寄语:"祝贺你,你是美国科学院120年历史里获得这个荣誉的第一个中国科学家!"

华罗庚的事迹在旅美侨胞中流传甚广。许多人找上门来与华罗庚合影留念,人们把他称作"科学使者"。

一天,一位年迈的华侨端着一盆西洋参来到了华罗庚的寓所,他眼含热泪,动情地说:"您的光荣,也是我们大家的光荣!请收下这盆人参,祝愿您长寿,为祖国多作些贡献!"

听了这位老人的话,华罗庚感动万分。

在加州理工学院,几位台湾青年慕名前来拜访,并拿出一本台湾翻印的《数论导引》让华罗庚过目。

"华先生,虽然这本书上没有印你的名字,可我们台湾青年都知道这是你写的。"青年人对华罗庚说。

对这件事,华罗庚早有所闻,他笑了笑说:"没有我的名字实在微不足道,只要我的书有益于台湾的青年学者就好了。"

由于华罗庚在侨胞心目中成了传奇式的人物,所以也引出一些离奇的故事来。

一天傍晚,华罗庚坐上轮椅被儿子推着在洛杉矶附近的帕萨迪纳街头观光,两位华侨青年认出了他。

"您是华罗庚教授吧?"

"是的。"华罗庚点点头。

"我们能见到您非常高兴!"青年人与华罗庚紧紧地握了握手。

"华教授,您听说过没有?日本侵华战争中,天皇曾经下过一道命令:第一,不准炸毁故宫;第二,不准炸您!由此可见,您在日本人的心目中也是不可多得的。"

华罗庚一听这话便乐了,他笑着说:"抗战时期,日本人差点要了我的命,我是被埋在土下的人!"

华罗庚在台湾有一位地位颇高的老朋友,当时侨居美国,得知华罗庚访美的消息,他极为高兴,特地致函华罗庚并附诗一首:

人生不相见,动如参与商。

海内存知己,天涯若比邻。

华罗庚感到他的诗太伤感,在复信时,将原诗改为:

参商本一体,误作两道光。

海内有知己,天涯易比邻。

在解释改诗的理由时,华罗庚说,这样改"除了借物寓情外,也符合科学道理。因为,在科学技术还不发达的唐朝,人们误认为参与商是两颗星,而现代科学已证明,参、商实际上是一颗星。现在,不少知己确实是到海外去了;而在航天技术发达的现代,天涯倒真是很容易成为比邻了"。

1984年7月初,华罗庚一行准备起程回国了。他打开窗户,举目远望,蓝天白云尽收眼底,思绪远飘,往事如梦又如烟。于是,他摊开纸挥笔写下了《在洛杉矶海边山巅别墅隔窗西望有感》的诗句:

茫茫一海隔,落落长相忆。

长相忆,白云掩目苍海碧。

时光不倒流,往事何必多回忆。

掌握好今时今刻,为人民尽心尽力。

身后原知万事空,人生难得三万六千日。

不珍惜,不落实,悔何日,空叹惜。

十二

　　1985 年 6 月 12 日下午,日本东京大学的会议大厅
里,座无虚席,华罗庚正用他那熟练的英语,慷慨激昂地
作着学术报告。当他在热烈的掌声中,说完了"谢谢大
家"时,突然从椅子上滑了下来,任凭千呼万唤,再也没
有醒来。他猝然而别,匆匆离去,没有来得及给世人留
下只言片语……

1. 在北京的最后时光

　　20 世纪 80 年代以来,华罗庚一直挂在心上的一件事是他
的著作出版问题。早在 1983 年,斯普林格出版社出版了《华罗
庚论文选集》,其中包括了华罗庚的四部书,约 2000 页。按照原
计划,《华罗庚论文选集》理应包括他的代表作《堆垒素数论》与
《多个复变数典型域的调和问题》,但由于这两部书的英文版权
属于美国数学会,而对方根本不愿意出卖,出版社也只好作罢。

《华罗庚论文选集》出版后,西德驻华使馆还专门举行了隆重的赠书仪式,以表示对华罗庚学术地位的重视。

这件事之后,华罗庚一直在准备着中文著作的出版,并为此付出了很多精力。1985 年 4 月,上海教育出版社终于推出了《华罗庚科普著作选集》。19 日这天,在北京科学会堂举行了赠书仪式。上海市出版局副局长赵斌向华罗庚送了样书。中国科学院院长卢嘉锡,中国科学协会副主席裴丽生,中国科学协会书记处书记鲍奕珊、田夫及中国数学会理事长吴文俊参加了仪式。华罗庚和他在北京的子女也都参加了典礼,他的全部著作也被陈列在会场。

在会上,王元作了长篇发言,详细地介绍了华罗庚的学术成就、学术风格及著作出版情况。王元讲道:

"中华民族是有光辉悠久文化的。中国的科学技术总的说还比较落后,但也有在世界上领先的。华老就是突出的一位。在这方面,我们要向日本学习。日本人对他们的数学前辈高木真治和小平邦彦是极为尊重的。他们的数学家出访,都把他们二人的著作作为珍贵礼品来赠送。

"过去我们对华老的成就,宣传解释得不够。我认为最好的宣传就是出版他的著作及把他的科研、教学与数学普及工作继续下去。"

华罗庚因身体欠佳,大家都劝他别激动,少说话。尽管如此,会开完之后,他的内衣已被虚汗浸湿了。当时,王寿仁曾对华顺说:"华先生说话时,底气很不足,你们要注意他的身体啊!"

当时,华罗庚还应该做的一件事就是写一个回忆录。确实,他那刻苦自学的经验、坎坷不平的经历、百折不回的拼搏精神,是鼓励年青一代的最好教材,胡耀邦、叶剑英及周围的很多朋友都劝他把回忆录写出来。可是,以前他实在太忙,总是抽不出时间,现在身体又不行了,觉得力不从心。一天,他把王元叫到家里,对王元说:"我的身体越来越不行了,你说过将来要为我写个传,我替你拟了一个提纲,供你参考,你看看行吗?"王元接过一看,提纲写在一张数学草稿纸的空白处,内容也非常简单,而且也大都与数学有关。王元坐了一会儿,就离开了,他觉得老师很虚弱,应该好好休息一下。

1985年5月底的一天,华罗庚感觉好多了,便与华莲青、柯小英一起来到了清华园,这是他深有感情的地方。他们到每个地方都看看,他一一向她们作介绍,凡是他住过、工作过、游玩过的地方他都记忆犹新。此后,他们又去看望了在清华大学执教的华苏及她刚出世两个月的女儿。每当处在这种浓烈的家庭气氛中时,华罗庚的心头总会掠过一种"剪不断、理还乱"的愁思,他不由得会想起自己的妻子吴筱元。

在大半生的岁月里,他们同甘苦,共患难,迈过了人生的沟沟坎坎。病魔、贫寒、战火与劫难都没有把他们分开。可社会平静了，日子好过了，他们之间的分歧却越来越多了。

作为吴筱元来说，她只希望华罗庚专心研究数学，不赞成他到处奔走，与各界人士往来。她总担心他会犯错误，会平白无故地挨整。"文革"已经使她对政治感到恐惧，华顺一家的悲惨遭遇与华罗庚被揪斗、被抄家的往事像噩梦一样缠绕着她。

可华罗庚能坐得住吗？他要普及"双法"，要在生产实践中找课题，为了他的工作，他又不得不与方方面面的人接触。这种意见上的分歧，必然会导致一些争执。为此，王寿仁与王元也都作过劝解，但没有什么效果。再加上华罗庚性情倔强，吴筱元不肯让步，最后终于分开居住了。1980年前后，华罗庚离开位于北太平庄的家，搬到了崇文门菜市场旁边的一套单元房里，华俊东一家与他同住，姐姐华莲青也常常和他在一起。由于孩子、孙子们常来常往，再加上工作很忙，华罗庚在生活上也不觉得孤独。但他们毕竟是多年的患难夫妻，他会时不时地想起她，想起他们在一起的时光。

2. 访问日本

早在1982年，日本亚洲交流协会就邀请华罗庚访日。他原计划于1983年去日本并且已订了机票，后来由于访美，就把去日本的行程推迟到 1985 年 6 月 3 日至 16 日。

这时,尽管华罗庚的身体状况仍不太好,可他觉得日本同行们对他的期待已达三年之久,这一次,他无论如何不能再使对方失望了。出发前,他对代表团成员说:"到了日本,要好好向日本同行们学习,认真了解日本把数学方法、定量分析方法用于经济管理和经济决策的经验。"

1985 年 6 月 3 日,华罗庚率领陈德泉、柯小英等人离开北京,登上了赴日的飞机。柯小英是华罗庚的长媳,她是以保健医生的身份出访的。

华罗庚的到来,得到了日本朋友的盛情款待。在日本数学教育学会安排的访问日程中,有一次学术报告。华罗庚在访问过程中,也一直在考虑着报告的内容。6 月 9 日,从箱根回东京后,他谢绝各类活动,抽出两天时间,专门准备学术报告,11 日晚他一直工作到深夜 2 点钟。在准备过程中,柯小英也帮助他整理了一些内容。

12 日上午,他完成了最后的准备工作,并提早吃了午饭,下午 1 点半离开旅馆,2 点钟到达日本学士院会见日本数学教育界的院士们。华罗庚把他刚出版的《华罗庚科普著作选集》送给各位院士,院士们也将自己的著作送给华罗庚。随后,他坐在轮椅上参观了日本天皇和学士院负责人办公的地方,并应日本朋友的要求,在留言簿上写下了他最后的手迹:"十分荣幸地来访问日本学士院,祝两国科学交流日益繁荣。"

日本数学会把华罗庚的学术报告安排在东京大学的一间报告厅里。下午 4 点钟,在日本数学会会长小松彦三郎的陪同下,华罗庚身着西装,手持拐杖,笑容满面地走进了报告厅,会场顿时响起了热烈的掌声。

小松彦三郎致欢迎词之后,把华罗庚介绍给了听众,4 点 12 分,华罗庚开始演讲。华罗庚先用中文讲,由翻译译成日语,他觉得这样效果不好,也浪费时间,便征求会议主席与听众的意见,问"能不能用英语直接讲",大家热烈支持。

会场上鸦雀无声,他那流利的英语、洪亮的声音、精湛的阐述,使听众为之倾倒。华罗庚越讲越有劲,讲得满头大汗,他脱掉上衣,解掉领带,接着往下讲。他看了一下表,规定的 45 分钟演讲时间已到,他再次转向会议主席与听众,问道:"演讲规定的时间已过,我可以延长几分钟吗?"大家报以经久不息的掌声。他又讲了一会儿,总共讲了 65 分钟。本来主席台上为他专门准备有轮椅,可他几乎一直是站着讲的。最后,他说了一句"谢谢大家",便在暴风雨般的掌声中坐了下来。他的朋友白鸟富美子女士捧着一束鲜花向讲台走去,准备向他祝贺,就在这时,华罗庚突然从椅子上滑了下来。在场的教授们立即扶起他,但他紧闭着双眼,面色因缺氧而呈紫色,已经完全失去了知觉。

3. 噩耗传来

在场的日本数理统计学家田边宏教授及其他人赶紧分头给急救站打电话,千方百计寻找东京大学心脏病权威杉木教授。杉木赶到现场后,立即组织抢救,并亲自给华罗庚做人工呼吸与心脏按压。做了两次心脏按压之后,仪器上出现了脉搏跳动的波形图,病人已有了一点呼吸。但医生们暂停人工呼吸与心脏按压时,病人立即呼吸微弱,于是又开始做人工呼吸。傍晚,医生们决定把华罗庚送往东京大学附属医院继续抢救。

两个多小时过去了,人们在焦灼地等待着。8 点 27 分,东京大学附属医院的三井医生走了过来,对中国驻日使馆的官员及随同华罗庚访日的人员说:"从 6 点 15 分起到现在已经两个多小时过去了,我们不停地使用人工呼吸与心脏起搏器,但仍然没有血液循环,心脏已无收缩力,继续抢救已经无效,是否停止一切措施,宣布逝世?"

在场的中国人一再恳求医生,要不惜一切代价抢救,也可以考虑动手术或换心脏等措施。三井医生遗憾地说:"东京大学附属医院的急救部是东京抢救和治疗心脏病最有实力的单位,我们已经尽了最大的努力,已经没有任何可能性把华罗庚教授抢救过来了,我们是按照日本的惯例来征求家属的意见。"

6月12日晚10点9分,东京大学附属医院宣布华罗庚的心脏已完全停止了跳动。

噩耗传来,举国悲痛,上至国家领导人,下至普通的工人、农民,都为这颗科学巨星的突然陨落而痛心。

6月14日上午,华罗庚先生的遗体被安放在东京大学附属医院的灵堂里,他安详地躺在洁白的鲜菊花丛中,四周安放着由日本众议院议长坂田道太、参议院院长木村睦男、外务大臣安倍晋太郎、科技厅长官竹内黎一、文部大臣松永光、日本国际贸易促进协会会长樱内义雄、东京大学理学部长有马朗人,以及日本亚洲交流协会、日本数学教育学会、日中产业协会等送的花篮。

上午10点,日本著名数学家弥永昌吉、吉田耕作、小松彦三郎及其他各界人士上百人前来吊唁。中国驻日本大使宋之光和专程从中国赶来参加吊唁的杨拯民、鲍奕珊、高天、杨振亚、胡永畅,以及华罗庚的长子华俊东、女儿华顺和华密、儿媳柯小英等与这位为事业奉献终生的辛勤老人作了最后的诀别。随后,华罗庚的遗体被送往东京的町屋火葬场火化。

6月15日下午3点,北京天空阴沉,细雨蒙蒙,载着华罗庚骨灰的中国民航的专机在东郊机场徐徐降落。华俊东满面悲怆,双手捧着父亲的骨灰盒,缓缓走下舷梯,哀哭声顿时淹没了一切。华罗庚年近八旬的姐姐华莲青被人搀扶着走来。她双手掩面,一声又一声呼唤着弟弟的名字,声嘶力竭,痛不欲生……

随后,华罗庚的亲属及国家代表们登上了系着黑纱的轿车,把骨灰送到了北京西郊的八宝山革命公墓。几天之后,党和国家领导人在这里为华罗庚举行了隆重的骨灰安放仪式。

中共中央政治局委员、国务院副总理万里主持了骨灰安放仪式,中共中央书记处书记、全国人大常委会副委员长陈丕显致悼词。陈丕显说,华罗庚是我国现代史上杰出的数学家,他的名字已载入国际著名科学家的史册。华罗庚也是我国最早为把数学理论研究和生产实践紧密结合作出巨大贡献的科学家,他的优选法和统筹法得到广泛的普及和推广,取得了显著的经济效益,培养了一支为国民经济服务的科普队伍。陈丕显说,华罗庚不仅是一位在困难条件下自学成才的杰出的科学家,而且是一位经历过新旧两个不同时代,由爱国主义者转变为共产主义者的我国知识分子的优秀代表。他顽强拼搏,为四化奋斗到最后一息,实现了他"最大希望就是工作到生命的最后一刻",为共产主义事业奋斗终生的壮丽誓言。

4. 深切的怀念

1980 年 4 月,华罗庚先生曾酝酿了一份遗嘱稿,见证人为应用数学所的方伟武。在遗嘱中,他安排了五点:

第一,我死后丧事要从简,骨灰撒在金坛县的洮湖中。

第二，我国底子薄，基础差，要提倡多干实事、有益的事，少说空话、大话。

第三，发展数学，花钱不多，收益很大，应该多加扶持。

第四，我死后，所收藏的图书及期刊，赠送给数学所图书馆。

第五，家庭生活的一些安排（略）。

华罗庚还特别关照过华俊东，要他负责赡养华莲青。

这些年来，虽说华罗庚的身体一直欠佳，遗嘱也早已立下，可谁也没有想到他会走得这么匆忙，这么突然。

年迈的吴筱元与华莲青，呆呆地坐在那里，默默地流着眼泪，沉浸在"人去楼空"的悲哀之中；

孩子们的眼泪已经哭干，他们在慢慢地整理着父亲的遗物，每一件小小的物品，都会激起无尽的辛酸与思念；

华罗庚先生的学生们仍然没有从噩梦中惊醒，先生的一举一动、音容笑貌总是在他们的脑海中闪现，仿佛和往日一样，他们仍能听到先生的声音，看到先生的背影；

金坛的父老乡亲还在不停地谈论着这位使他们感到无比自豪的科学家，并不时地洒下一把感念的泪水；

华罗庚的海外朋友们通过多种渠道只想证明：华先生去世的消息属于误传。

他确实走了，没留下只言片语，可他的精神犹存，功绩犹在。他那热烈深沉、慷慨激昂的诗句永远留在了人们的心里：

纪念馆里存有华罗庚生前各个时期的照片、著作，还有结婚时的家具及童年时玩的一个小木凳——"马嘟嘟"。

1986年6月12日，华罗庚逝世一周年时，华罗庚纪念馆剪彩，金坛中学也改名为华罗庚中学。为此，金坛人民举行了隆重的仪式，第一届中国少年数学"华罗庚金杯赛"的优胜者也应邀参加了这一盛典。

华罗庚用自己的才智竖立了一座丰碑！

华罗庚用自己的精神鼓舞了一代新人！

华罗庚把自己的名字永远刻进了中华人民共和国的科学发展史册之中！

呼伦贝尔骏马，

珠穆朗玛雄鹰，

驰骋草原志千里，

翱翔太空意凌云，

一心为人民。

在华先生走后的日子里，金坛人民集资在"中山公园"里面为他建造了一座苏州园林式的纪念馆，纪念馆门口是一个小水池，四周环绕着柳树，旁边的小丘上建有一座华罗庚纪念亭。王震为华罗庚纪念馆题写馆名。纪念馆门前的两根大柱子上刻有苏步青题写的对联：

一代畴人高山齐仰止；

千秋事业祖国在腾飞。

纪念馆正厅当中，置放着华罗庚的半身雕像，雕像后面的墙上挂有聂荣臻的题词：

精勤不倦，自强不息。